曾仕强老师

曾仕强老师与杨智雄老师（左）合影

杨智雄老师授课（一）

杨智雄老师授课（二）

人际关系与沟通

曾仕强 刘君政 ◎ 著
杨智雄 ◎ 主编

清华大学出版社
北京

内 容 简 介

我们的沟通和西方人有很大差异：和西方人说话，如果没有结论，就很不容易沟通；与中国人沟通，最好不要有结论，以免引起无谓的排斥或抗拒。我们的方式，是让对方自己获得结论，而不是我们给对方结论。

凡此种种，都是研究人际关系与沟通必须了解的文化差异，值得我们特别加以注意，以免不研究还好，愈研究愈使自己远离中国社会，产生反效果。

书中的若干论点，乍看起来，好像古老而不够现代。其实深入了解之后，才发觉是我们现代人解释错误，产生不正确的认知，而不是这些道理有什么不妥。

本书封面贴有清华大学出版社防伪标签，无标签者不得销售。
版权所有，侵权必究。举报：010-62782989，beiqinquan@tup.tsinghua.edu.cn。

图书在版编目（CIP）数据

人际关系与沟通/杨智雄主编；曾仕强，刘君政著. —北京：清华大学出版社，2016（2024.7重印）
ISBN 978-7-302-42606-6

Ⅰ. 人… Ⅱ. ①杨… ②曾… ③刘… Ⅲ. 人际关系学 Ⅳ. C912.1

中国版本图书馆 CIP 数据核字（2016）第 005324 号

责任编辑：杨静华
封面设计：刘　超
版式设计：刘艳庆
责任校对：刘　同
责任印制：丛怀宇

出版发行：清华大学出版社
　　　　　网　　址：https://www.tup.com.cn，https://www.wqxuetang.com
　　　　　地　　址：北京清华大学学研大厦 A 座　　邮　编：100084
　　　　　社 总 机：010-83470000　　邮　购：010-62786544
　　　　　投稿与读者服务：010-62776969，c-service@tup.tsinghua.edu.cn
　　　　　质 量 反 馈：010-62772015，zhiliang@tup.tsinghua.edu.cn
印 装 者：三河市东方印刷有限公司
经　　销：全国新华书店
开　　本：185mm×230mm　　印　张：18　　插　页：1　　字　数：269 千字
版　　次：2016 年 10 月第 1 版　　　　　　　 印　次：2024 年 7 月第 19 次印刷
定　　价：49.80 元

产品编号：057523-01

序

现代人生活在多变的社会环境中,最好不要忘记,有很多事理,是永恒不变的。其中,人际关系与沟通,对任何人来说都十分重要。因为宇宙万物之中,人类的关系最为复杂。而且各地的风土人情不同,又形成不一样的人际关系。

一般而言,西方人的人际关系以"个人"为主。他们认为社会人群的基本单位是个人。社会由个人所构成,个人自由独立,必须加以适当的规范,也就是实施法治,才能够维持整体的秩序。在法律许可的范围内,崇尚自由、平等、独立,成为西方人的人际基础。

中国人的想法比较复杂,也显得周到得多。我们的人际关系,以"伦理"为主。社会固然由个人所构成,但是个人却很难离开社会而生活。个人的自由,实际上相当有限。人与人的互动,也不完全能够由法律来控制。至于独立,那就更加不可能。互依互赖,彼此互动,总比单打独斗要方便而有效。人人在法律许可的范围内,衡情论理,以伦理来弥补法律的不足,这才是中国人的人际基础。

为了培养自由独立的习惯,西方人刚出生时,便要自己单独睡觉,不和父母同床。长大到十七八岁,就应该自立。成年子女不与父母同住,父母孤零零地无人照料直至离世。如果说西方人孤单单地出生,孤零零地死亡,应该毫不为过。

中国人不喜欢这种人际疏离,而比较喜欢热热闹闹地出生,然后风风光光地死去。婴儿刚出生,父亲为了表示欢迎,马上把自己的床位让给婴儿,一方面使母亲方便照顾,一方面也让新生婴儿感受到人间的温暖。子女和父母一辈子互依互赖,除非不得已,否则长久地居住在一起。子女再忙碌,也不愿意父母孤零零地死亡。

《易经》早就告诉我们:社会人群的构成,其基本单位并不是个人,而是家庭。我们以单位为家,以国为家,把世界也看成一家,所以四海之内,皆兄弟也。

西方人的观念,是"分大于合",常常站在"个人"的立场来看整体的社会。一开口就说"我个人的看法"。

中国人的观念,则是"分中有合,合中有分"。个人固然重要,但是在整体中完成自我，才称得上圆满。有人认为中国家庭不尊重个人，甚至束缚个人的发展。其实，中国家庭自古以来便重视成全。唯有彼此互相成全，一家人才能够发挥不同的才能，以求互补。

"对，没有用"成为深入了解中国社会的最佳切入口。对就是对，为什么会没有用呢？

西方人深受"二分法"的祸害，好像"不是对，便是错"。是非分明，成为人际关系的重要准则。

中国人早已摆脱"二分法"的陷阱，我们知道"错，绝对不可以；对，常常没有用"。对错之外，还牵涉到是否圆满的问题。我们虽然厌恶是非不分的人，却也并不欢迎是非分明却不圆满的人。因为我们讲求"在圆满中分是非"，把是非分得大家都有面子，不得罪人，但也不讨好人，人际关系才可能良好。

我们一直认为某些人的成功是讨好别人的结果。这不过是一种自我安慰的想法，最好不要如此认定，以免误导了自己。中国人看自己和看别人，往往采取不一样的标准：自己的所作所为，都是随机应变；而别人表现出同样的行为，那就是投机取巧。

在这种情况之下，我们的沟通和西方人也有很大的差异。与西方人说话，如果没有结论，就很不容易沟通。与中国人沟通，最好不要有结论，以免引起无谓的排斥或抗拒。我们的方式，是让对方自己获得结论，而不是我们给对方结论。

凡此种种，都是研究人际关系与沟通必须了解的文化差异。我们应该特别加以注意，以免不研究还好，愈研究愈使自己远离中国社会，产生反效果。

书中的若干论点，乍看起来，好像古老而不够现代。其实深入了解之后，才发觉是我们现代人解释错误，产生不正确的认知，而不是这些道理有什么不妥。

盼望各位能够以继旧开新的心情，共同来创造合乎我们风土人情的人际关系与沟通。并以虔诚的心，期待各界先进不吝赐教，幸甚！

曾仕强

刘君政

序于北京旅次

2014 年 10 月

前　言

中国人喜欢拉关系、靠关系。这句话很容易引起大家的误解，朝向坏的、不正当的，甚至于不合法的地方，做出一些不必要的，也不一定合乎事实的联想。

自从《丑陋的美国人》一书问世以来，我们由于崇拜美国的繁荣富裕，认为美国人尚且有自我批评的雅量，中国人更应该起而效尤。于是某些对中国人负面的评价形成一股力量，把年轻一辈的中国人打压得毫无自信，助长了盲目崇美的肤浅风气。国力强盛的时期，当然经得起开玩笑；国力衰微的时候，负面的思想足以摧残年轻人的活力。正是中国人一向"说归说，听归听，做归做"，根本不当一回事，这才起不了太大的作用。但是，尽管如此，仍然造成中国人相当严重的双重标准：看自己是好人，看别人则通通是坏人。

以人际关系为例，中国人十分自豪：自己的工作，是凭本事获得的；别人的工作，大多走后门、靠关系，相当不光明。有人在电视上公开宣称："我这一份工作，既没有送红包，也没有请人介绍，完全是凭自己的学识和经验被选上的。"请问任何一位中国人，有没有愿意承认自己是例外的？根本用不着这样大惊小怪，徒然显得"此地无银三百两"，令人怀疑是不是真的。我们对别人的说词过分夸大，总认为相当虚假，因为：这种平常事，用得着如此强调吗？八成是假的。

人际关系本身是中性的，没有好坏。运用得恰当，便是良好的人际关系；用错了，用歪了，当然产生弊害。行为正当，不做贼心虚的人，对拉关系、套关系，甚至于搞关系，实在不必过分敏感。从好的方面思考，反而容易形成良好的效果，何乐不为？

比较重要的是，中国人根本没有什么人际关系。我们一直把西方的人际关系移植过来，弄得大家的关系愈来愈紧张，愈来愈败坏，难道还引不起大家的警惕？特别是家人关系，一旦变坏以后，想要恢复，恐怕很不容易。奉劝大家，多多预防，小心为要。

中国人重视伦理，自古以来，我们所建立的是一种举世罕见的人伦关系。也就是把伦理融入人际关系，成为伦理气氛十分浓厚的人伦关系。

人伦关系和人际关系最主要的差异在于，前者重视"合理的不平等"，而不是后者所主张的"平等"。

西方人认为"人生而平等"，发展出一套平等的人际关系。在中国人眼中，简直是没大没小。

中国人认为，"人从一出世，就不平等"，就算同一家庭、同样父母所生的子女，在资质方面也不相同，加上出生时家庭的环境、父母的年龄与社会地位也不一定一样，怎么可能平等呢？先天不平等，后天不可能、也不应该完全加以漠视或改变，顶多合理地调整，做到合理的不平等，仍然不能够没大没小。

有人说：计算机网络没大没小。似乎在告诉大家，没大没小是时代的潮流。大家抵挡不住，也不需要加以抵挡。这是一种不负责任的说法，凡是重视伦理的人，大概都不能够接受。我们反而认为，合乎伦理的要求，做到有大有小的计算机网络，才是大家所乐于见到的状况。

没大没小，和民主不民主没有什么关系。我们现在最糟糕的想法，便是把民主和法治放在一起，却抛弃了伦理。民主与法治，是当权者最喜欢的字眼：由我来立法，大家遵守，才是真正的民主。这种话显然不合理，但是对当权者最有利，所以一天到晚，不忘法治。

对中国人而言，法不够用。因为，中国人不喜欢违法，不做违反规定的事情。但是中国人普遍喜欢动脑筋，做一些法律没有规定的事情。凡规定的都不违犯，没有规定的放胆去做，我们把它叫作游走法律边缘也好，钻法律漏洞也好，反正证明法律不够用，必须伦理来弥补，才能收到预期的效果。

大家没大没小，关系发生不了作用。只要不违法，什么事情都可以做，正是今日社会严重脱序的主要原因。要扭转这种不良的态势，只有大家凭良心有所不为，才有可能加以改变。一个人凭良心，往往十分困难。不重视关系的人，认为一人做事一人当，跟其他的人没有关系，很容易依据个人的喜恶、利害而做出不凭良心的行动。

自古以来，我们设置了形形色色的关系，无非在加强对个人的约束，使我们在自己之外，还会想到各种有关系的人，因而一言一行，都格外谨慎。

有关系而不分大小，叫作人际关系。小的见识不多，往往自以为是而大声嚷嚷；大的年老力衰，为了不吃眼前亏，或者得不到敬重而不愿意费神费力，反而息事宁人，采取低姿态而显得有气无力，经常被小辈看成没有道理。自从鼓吹人际关系以来，有识之士大多袖手旁观，无知的人反而大力作秀、丑态百出而不自知，大家看得十分清楚，只是不愿意明说罢了。

关系必须有大小，彼此合理互动，才能够既有约束力，又能够发挥所长，收到密切配合的效果。

有大有小的人际关系，叫作人伦关系。这种不平等的关系，必须加以合理的规范，称为合理的不公平。建立合理不公平的关系来弥补法律的不足，对中国社会来说，实在是非常重要的、不允许忽视的，更不应该采取拖延的态度。知而不行，很快就会丧失良机，欲振乏力。

不论人际关系或人伦关系，都有赖于良好的沟通。

现代人很"喜欢说话"，却大多不"善于沟通"。话说个不停，别人只觉得乏味而听不进去；说得滔滔不绝，加以能言善道，别人很快就认为强词夺理，分明是睁开眼睛说瞎话。传播界不断出现"有话请说""有话实说""有话直说"，许多人也不知不觉落入"我有话要说"的陷阱中，甚至说错话也不自知。

中国人一向最明白"先说先死"的道理，如今居然忘得一干二净，似乎"先说先赢"已经成为现代人的信念。这究竟是进步的现象，还是已倒退到不知道自身安危的困境？

许多年轻朋友，刚刚听说"先说先死"，竟然皱起眉头，一副疑惑的样子。也有一些年岁不算小的朋友，还会指责"先说先死"害得大家都不敢先开口。好像有生以来，受苦受难得还不够惨痛。难道真的时代变了，变到"先说先死"失去了真实性，不必再引以为戒？

一般说来，沟通大致可以分成三个层次，分别为"沟而不通""沟而能通"以及"不沟而通"。

这样，我们不难发现，大部分人都停留在"沟而不通"的层次。说了很多话，却收不到效果，无法达成预期的沟通目标。最可怕的是，若干沟通训练只重视"敢说""能说""爱说"，结果愈来愈沟而不通。有些老板，坦白表示他的干部未受训之前，充其量是"有话不说""不愿意说出来"或者"不敢明说"，受过沟通训练之后，竟然"没有话也乱说"，拿着麦克风不放，却让人不知所云；主席话还没有说完，大家争着举手，急着要发言。

请问他如何面对这种情况？答案是"我说我的，他们举他们的，装作没看见"。一旦干部开始发言，他就看东看西，甚至和附近的人说话，暗示其赶快结束，不要浪费大家的时间。

有些干部，看不懂老板的暗示，还会提出抗议，说什么"希望老板注意聆听干部的意见，以示尊重"，弄得老板啼笑皆非，大叹训练不但花钱，反而制造反效果。但是，主持训练的讲师说得很有道理，写出来的书也相当畅销，使老板不得不也去听一听课，看一看书，结果劣币驱逐良币，才造成今天这种大家重视沟通，努力沟通，却大多沟而不通的现象。

原因十分简单，一般讲师所说的，不外乎西方人的沟通法则，在中国社会非但功效不彰，简直就行不通。在管理活动方面，领导、沟通、激励和风土人情具有十分密切的关系，不可不特别小心，以免愈用功愈受害。

中国社会之所以先说先死，是因为我们非常重视道理，也就是爱讲道理。偏偏我们的道理大多是相对的，以致公说公有理，婆说婆有理，而且各有各的道理，很难分辨高低。在这种情形下，先说的人，由于一个时间，一张嘴巴，很难把道理说得十分周全，难免有一些漏洞，正好成为后说的人最好的攻击目标，当然相当不利。何况中国人的道理大多随时空而变，可以说时间一改变，道理就跟着改变，要否定先说的人，实在太容易了，随便提出一个变量，就可以弄得先说的人十分难堪。更妙的是，中国人常常"依据说话的人是什么身份，来判断他所说的话有没有道理"，只要身份更高的人出现，随时可以否定先说的人所说的一切，实在十分危险。如果把这些情况轻易地归为农业社会的落后心态，那就太小看中国人，因而更看不懂中国人的高明了。

我们十分清楚，任何人所说的，不过是片面的道理；大家所说的道理，充其量只能说是自圆其说。人家要支持，固然可以说出一大堆道理，使我们觉得很有面子。若是不表示支持，照样可以陈述许多道理，让我们颜面无光，倍感羞惭。所以说话的人为求立于不败之地，必须先摸摸清楚，能不能获得对方的支持。然而中国人善变，谁也料不准结果会变成怎样，所以常常先说先死。话刚说完，便被攻击得体无完肤，死得很难看。就算当场保住颜面，背后遭受批评，也足够受的。

当然，我们可以立即报复，形成你一句我一句的吵架局面，哪里沟得通？这就是我们现在常见的情景：不开口则已，一开口就吵架，有什么光彩可言？

往昔中国人，若是衡量结果，预料达不成沟通的效果，很可能干脆不说。有话不说，大不了引起对方的不愉快，大家的损失并不大。如果对方是有识之士，知道"不说话并不代表无话可说，而是不知道该不该说，要怎么说才有效"，于是制造沟通的渠道，来增强沟通的信心，添加沟通的气氛，反而容易造成沟而能通的美景。

沟而不通，理论上不应该称为沟通，我们不尊重"先说先死"的古训，使这种不愿见、不乐见，却颇为常见的沟而不通现象，愈来愈严重，成为沟通的最大障碍。

我们既不可因"先说先死"而畏惧沟通，也不能因急于沟通、勇于沟通而忽视"先说先死"的道理。事实上"先说先死"也不过是片面的道理，相对地不说也死，也十分值得我们重视。可惜我们一向过分重视"先说先死"，以致严重地忽视"不说也死"，才造成很多不利于沟通的错觉。

我们建议，首先重温"先说先死"的哲理，提高大家的警觉，不必害怕先说，却必须谨慎地避免先说先死的陷阱。然后提出"不说也死"的警语，使大家不致为了害怕先说而干脆不说。我们必须在"先说"和"不说"之间，找出一个安全的平衡点，以期"说到不死"。安全、合理、有效的沟通，才是沟而能通的大道。

至于不沟而通，是一种高度的艺术。我们先求说到不死，再求沟而能通，逐渐走入不沟而通的境界，当然十分美妙！

我们所做的，其实是从最通俗的语言当中，发掘出最符合我们需求的人际关系和沟通理念，以期重建有效的现代化人伦关系。

目　　录

第一章　中国人一切靠关系 1

　　第一节　中国人最擅长搞关系 3
　　第二节　中西人际关系的重点不同 4
　　第三节　人际关系正常可以收到合力的效果 7

第二章　成功的人际关系 13

　　第一节　做人有十大要领 15
　　第二节　个人修养还需要社交媒介 16
　　第三节　忍耐比努力更重要 20

第三章　中国人际关系最好称为人伦关系 25

　　第一节　把伦理道德加入人际关系 27
　　第二节　最好改称人伦关系 30
　　第三节　人伦关系有六大原则 33

第四章　人际关系的三个阶段 43

　　第一节　第一阶段是务实求本 44
　　第二节　第二阶段讲求不执着 46
　　第三节　第三阶段一切求合理 49

第五章　人际关系的经和权 54

　　第一节　人际关系的经 56
　　第二节　人际关系的权 62
　　第三节　经权配合称为持经达变 69

第六章　人际关系的开展 74

　　第一节　自己和自己的关系 76

第二节　自己和家人的关系 80
　　第三节　自己和朋友的关系 85

第七章　人际关系的艺术 93
　　第一节　基本的态度 95
　　第二节　和谐的要领 101
　　第三节　诚恳的艺术 106

第八章　沟通的重要性 115
　　第一节　沟通对人际关系的影响 117
　　第二节　沟通的最佳原则 119
　　第三节　慎始才能善终 122

第九章　沟通前的心理准备 128
　　第一节　首先提醒自己"先说先死" 130
　　第二节　最好能确保"说到不死" 132
　　第三节　对方听得进去才不会死 135

第十章　沟通的三种层次 140
　　第一节　沟而不通 142
　　第二节　沟而能通 144
　　第三节　不沟而通 146

第十一章　沟通的基本架构 152
　　第一节　两难是出发点 154
　　第二节　用兼顾来突破两难 156
　　第三节　最好兼顾到合理的地步 158

第十二章　沟通的三大守则 163
　　第一节　我告诉你这些话请你不要告诉别人 165
　　第二节　你若要告诉别人就不要说是我说的 167
　　第三节　如果告诉别人是我说的我一定否认 170

目　录

第十三章　沟通的四大目的 ... 175
第一节　沟通不是说来说去 ... 177
第二节　沟通要用心建立关系 ... 179
第三节　沟通主要有四大目的 ... 182

第十四章　沟通的三种方式 ... 187
第一节　口头沟通 ... 189
第二节　书面沟通 ... 191
第三节　电讯沟通 ... 194

第十五章　沟通的流动方向 ... 199
第一节　上行的沟通 ... 201
第二节　下行的沟通 ... 203
第三节　平行的沟通 ... 206

第十六章　沟通的两大途径 ... 211
第一节　直接的沟通 ... 213
第二节　迂回的沟通 ... 216
第三节　交互使用 ... 218

第十七章　沟通的可能障碍 ... 223
第一节　发讯人的障碍 ... 225
第二节　受讯人的障碍 ... 227
第三节　讯息的障碍 ... 230

第十八章　非正式沟通 ... 235
第一节　非正式意见的种类 ... 237
第二节　善用非正式沟通 ... 240
第三节　导向正式沟通系统 ... 242

第十九章　沟通的法则 ... 247
第一节　确定问题要点 ... 249

| 第二节 | 寻求相关人员参与 | 251 |
| 第三节 | 激发有效的行动 | 253 |

第二十章　沟通的艺术 ... 258

第一节	了解对方的言默之道	260
第二节	记住交浅不可以言深	262
第三节	以情为先来通情达理	265

结　语 ... 269

第一章　中国人一切靠关系

中国人认为"群体"先于"个体"；
没有国，哪有家；没有家，哪有个人。

西方人主张"个体先于群体"而存在，
认为国家、社会不能妨害个人的独立、自由。

既然个体必须在群体中生存发展，
在群体中完成自我，有赖于良好的人际关系。

人际关系良好，个体在群体中得到协助、成全，
必能发挥更大力量，使自我的成就得以荣耀家族。

人际关系正常发展，可以收到合力的效果。
以整个的力量来支撑个人，当然轻而易举获得成就。

人际关系若是不正常、不正当，那就害人不浅。
危害人民、祸害国家、毁坏国家，莫不由此而起。

学习目标

详读本章，学习者应能达到下列目标：

1. 了解中国人擅于搞关系的原因，并能在实际生活中用心体会。

2. 明白中国社会复杂的人际关系，并能在日常生活中熟悉各种不同的称呼。

3. 知道中西方人际关系的重点不同，并能在实际生活中加以体会。

4. 明了中国人在群体中完成个体的用意，并能在日常生活中用心成全他人。

5. 掌握从血缘到地缘的各种关系，并能在日常生活中良性互动。

6. 分析人际关系在追求成功过程中的重要性，并能在实际生活中用心体验。

第一节　中国人最擅长搞关系

有一位美国青年，特地来到中国台湾做有关"中国人的人际关系"的学术论文。他费尽苦心，想要了解中国人常说"有关系，没关系；没关系，有关系"的真相。研究了整整一年，依然一头雾水，不明白中国人为什么那样喜欢搞关系，而且搞好关系，真的在中国社会兜得转、吃得开，似乎无往而不胜。

他最关心的问题，有下列三个：

首先，样样讲关系，对自由竞争的市场，会不会产生负面的影响？

其次，讲关系的结果，还能够维持公平的法律制度吗？

最后，关系重于一切，怎么依法办事？对制度的破坏力，对法律的挑战性，要如何因应？

这真是一位有心人，并且似乎抓住了问题的要点。相信这些问题也是现代中国人所亟待解决的疑惑。

首先，让我们想一想，中国人自古以来，是不是十分擅长搞关系？

请看我们对亲戚、朋友的称呼，除了六亲、九族、宗亲、乡亲之外，还有同学、同事、同行、同志，几乎稍为一牵连，便可以牵出一大堆关系。人际关系的复杂性，中国堪称举世第一，如图1-1。

关系复杂，表示十分受到重视之外，主要是亲疏有别。不同的关系，可能产生不一样的功能；牵来扯去，也可能发生各种不同的变化。中国人的关系，不可不特加留意！

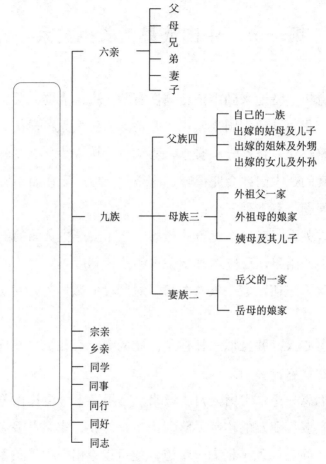

图 1-1　中国社会复杂的人际关系

第二节　中西人际关系的重点不同

两千多年来，我们一直处于矛盾的心态中。一方面盼望"有人提拔，一步登天"；一方面又怨责"一人得道，鸡犬升天"。中国人对自己和对别人，永远具有不同的标准。我们比来比去，总觉得自己吃亏而别人占尽便宜。

比来比去未尝不是一种好办法，只要知己知彼，必然会进一步接近事实。

西方文化讲究"个体重于群体"，认为每一个人都是独立自主的个体，既具有自由意志，又拥有独立人格，如图1-2。

西方人吃西餐，每人一份，各吃各的。中国人看到西方人吃中餐，大家都点同样的食物，经常觉得很纳闷，为什么不可以点不同的食物，大家交换着品尝呢？但是西方人的观点是：吃饭这一类的事情，完全是个人的行为，与别人无关。既不能对别人要吃什么表示意见，也不必关心别人到底要吃些什么。各自点餐，各自付费，与他人无关。

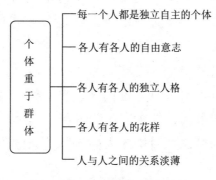

图1-2　西方文化个体重于群体

各管各的，固然有高度的独立性，但是这样一来，人与人之间的关系就淡薄了。

西方人认为只有每个个体都自由发展，群体才可能自由发展，正是中国人所不愿看到的"各人自扫门前雪，休管他人瓦上霜"。我们在各管各的之外，还热心地多管闲事，把他人的事情当作自己的，甚至于表现得比他本人更加热心。人与人之间的往来频繁，人际关系浓厚而紧密，一方面抱怨劳神烦心，一方面却又乐此不疲。

中国文化和西方文化共同承认"个体"和"群体"的存在，但是彼此在"先后"的观点上出现分歧。

西方人认为"个体先于群体"，一切群体都是人为的契约所造成。中国人则以为"群体先于个体",没有父母哪里会生出自己这一个个体?

人的力气,比不上许多动物;人的躯体,也远比许多动物衰弱。人之所以成为万物之灵,完全是由于人能合群,有群体的思想,知道群体是天然形成而不是后天人为契约所造成的。

有些人因此而批评中国社会压制个体,侵害了个体的自由,妨碍个体的独立意志。其实,深一层想,中国人的观点是"在群体中完成个体"。由于群体中的协助、提携、成全,个体才比较容易完成自我。

因此群体中的人际关系,对中国人而言,变得非常重要。如果关系不好,大家不愿意帮忙,那么就算身处群体之中,也将得不到众人的协助。这时候群体等于一种形式,并未对个体提供实际的助益。若是人际关系良好,大家乐于帮忙,那么"同心协力,众志成城",不但可以发挥集合的力量,而且"多人帮忙一人",在众人成全之下,获益必然更大。有些人乐于享受群体的成全,却又抱持个人主义,吝于成全他人,这种人只有独立性而缺乏自主性。有好处就想起个人,要求独自享受;有责任时想起群体,要大家一起分担,这种人受损最大。

这种群体重于个体的概念,对中国人的人际关系的影响颇为重大,如图1-3。

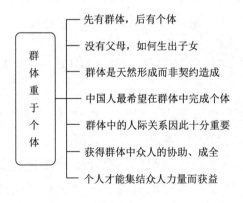

图1-3 中华文化群体重于个体

群体既然是天生自然的,人际关系自然以"母子"为第一层最原始的血缘关系。

古代先民只知有母,不知有父。现代有许多家庭,由于父母离异,以致父子关系还不如兄弟姐妹关系来得密切而重要。

父子关系再向外推，便出现祖父母、外祖父母等家人，然后推及父族、母族、妻族等家族，以及同一姓氏的宗亲，算是血缘关系的逐层开展。

中国人若是被骂为"六亲不认"，恐怕是十分不得人缘、不受欢迎的人。

如果一人犯了大罪，按古法被判处"诛灭九族"，那就祸及父、母族及妻族，株连甚多了。

血缘关系再向外推，就涉及地缘关系，称为乡亲，意思是居住在同一地方的人，如图1-4。

在血缘和地缘关系之外，中国人还可以用"同学""同事""同行""同志"等关系，来拉近彼此的距离。

这些关系的建立，目的都在透过团结、和合、融洽的精神，以获得"聚合众人的力量"，来达成预期的目标，对提升管理的绩效甚有助益。可惜现代有一些人，提起任何关系，都是十分漠然，一副"那又如何"的样子，已经属于六亲不认而不自知，还认为理所当然。和这种人交往，令人产生"一次已嫌太多"的感觉，希望下次不要再和他往来才好。

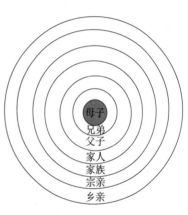

图1-4　从血缘关系到地缘关系

第三节　人际关系正常可以收到合力的效果

有一个公式，十分有趣，先把它显示出来，如图1-5。

大家都追求成功，到底努力比较重要，还是机会比较重要？我们认为两者都很重要，如图1-6。

成功=(努力 + 机会)^人际关系

$$(1+1)^0=1$$
$$(1+1)^1=2$$
$$(1+1)^2=4$$
$$(1+1)^3=8$$

图 1-5　成功的公式及其计算的结果

成功 = 努力 + 机会

图 1-6　努力和机会同等重要

但是，人际关系良好，成功的几率必然增大。相反地，人际关系不良，对于成功造成很大的障碍，也是屡见不鲜的事实。我们认为，图 1-6 应该稍微改变，把人际关系的影响力加上去，才更为切合实际，如图 1-7。

成功 = (努力 + 机会)^人际关系

图 1-7　人际关系能够促进成功

一个人想要依靠自己单独的力量来完成自己的理想，当然可以透过努力和等待或创造机会以求获得成功。但是，努力还比较容易自主，把握在自己的手中。至于是否有机会，能不能创造机会，那就谁也没有把握，属于听天由命的风险性。

最糟糕的是，好不容易得到机会，加上自己的努力，结果却由于人际关系不良，弄得

$$(1+1)^0=1$$

只能获得十分有限的成功，是不是非常不幸？

人际关系普通，就算没有助力，也不致产生阻力，那么

$$(1+1)^1=2$$

至少也能够得到较佳的效果。

人际关系良好，获得很大的助力，于是

$$(1+1)^2=4$$

便产生更佳的成就。若是人际关系甚佳，得到更大的助力，便可能

$$(1+1)^3=8$$

那么一旦抓住机会，可以跃登龙门了。

人际关系良好，成功的概率大，称为"事半功倍"。

事实上，没有人完全依靠人际关系获得成功，除非他具有相当能力。但是，有再高超的能力，如果缺乏良好的人际关系，也不能够顺利地成功，除非他痛定思痛，在人际关系上有所改善。人际关系和成功的密切关系，由此可见一斑。

当然，我们也看到某些人用心造成不正常、不正当的关系，然后用来营私舞弊，祸国殃民。这种人际关系所带来的弊端，的确使得许多人为之心寒，以致非常害怕人际关系，认为只有害而没有利，因此不重视也不研究人际关系。

还有一些人，由于自己不擅长建造人际关系，眼见他人因人际关系而获得利益，也可能居于嫉忌或不满的心理，对人际关系产生重大的反感。

多少人把"搞关系"看成十分负面的东西？似乎好人从不搞关系，只有心术不正的人才搞关系。这样的心态，对人际关系的认识，自然倾向于偏激和轻视。

有关系好办事，若是运用在合理的地方，当然很好。自己人优先考虑，也不能说完全没有道理，要不然有亲疏的差别，又有什么意义？但是，假公济私，因私害公，那就绝对应该避免，不使其有所潜在，以免危害公正的立场，违反自由竞争的市场法则。

关系如果影响到"依法办事"，根本不算是正当的人际关系。不过，"在法的许可范围内衡情论理"，仍有赖于人际关系的良好与否，所以要求别人对自己通情达理，仍需平日多多注意自己的人际关系。

关系有好也有坏，关系所产生的效果，同样有好也有坏。我们的自主性，就是设法使自己和别人建立良好的人际关系，并且发挥正当的效果。不必小看自己，

一下子就把人际关系及其效果都看成负面的东西。给自己一些信心，走向正当的方向，走上正常的途径。

不正常的人际关系，经常祸患无穷，如图1-8。

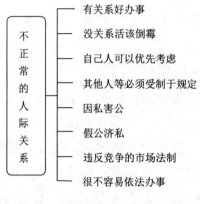

图1-8　人际关系不正常祸患无穷

✍ 我们的建议

一、有"个体",也有"群体",这是不争的事实。但是先有个体,还是先有群体?显然和鸡生蛋、蛋生鸡的问题十分相似,很难获得一致的答案。不过,我们仍然建议"群体先于个体"的观念,对自己比较有利。因为个体先于群体,充其量只能将个人的力量发挥到极致,已经非常了不得。只有在群体中完成个体,才能集结群体的力量,使个人的力量,加倍甚至数倍地发挥出来。

二、既然个体必须在群体中生存发展,那么个体在群体中的人际关系就显得十分重要。唯有人际关系正常而良好,才能获得大家的协助、成全,使个人的力量在众人的支撑之下得到更大的效能。

三、当然,不正常、不正当的人际关系,为害其大。许多人看到这一面,便大力抨击中国人过分重视人际关系的祸患,好像"一朝被蛇咬,十年怕井绳",形成一种偏差的态度。我们建议大家不必如此恐惧,反而应该自我警惕,提高警觉,以建立正常、健康的人际关系为己任。大家互相勉励,把人际关系用于正道,不陷入偏道或邪道,那就有利无害了。

📖 自我评量项目

1. 为什么"群体"先于"个体"？你的看法如何？

2. 为什么中国人的关系特别复杂？

3. 什么叫作九族？

4. 中西方人际关系，有哪些主要的不同？

5. 什么叫作六亲不认？

6. 从血缘到地缘，主要有哪些人际关系？

7. 为什么人际关系正常，可以收到合力的效果？

8. 人际关系良好，有哪些好处？

9. 人际关系不良，可能有哪些坏处？

10. 为什么人际关系不正常，就会祸患无穷？

第二章　成功的人际关系

我国民间流传做人十要，刚好从一数到十。
十个项目都做到合理的地步，人际关系一定好。

一表人才，两套西装，是做人的基本修养。
三杯酒量，四圈麻将，则是社交生活必要的媒介。

五方交游，三教九流的人都不必排斥，
人际关系扩大，交往的范围才会随着增广。

六出祁山，七术打马，八口吹牛，
都是建立良好人际关系的应有技巧。

九分努力，还要加上十分忍耐，
唯有能忍人所不能忍，才能长期维持良好关系。

做人十要，缺一不可，样样都要用心兼顾，
人际关系良好，做人做事都比较容易获得成功。

📖 学习目标

详读本章，学习者应能达到下列目标：

1. 明白做人十要的真义，并能在实际生活中用心体会。

2. 知道一表人才和两套西装是个人修养的基础，并能在日常生活中应用。

3. 明了三杯酒量和四圈麻将是社交的媒介，并能在实际生活中加以印证。

4. 掌握五方交游在扩大人际关系时的功能，并能在日常生活中应用。

5. 分辨六出、七术和八口的不同技巧，并能在实际生活中运用。

6. 了解九分努力，还需要十分忍耐的道理，并能在日常生活中应用。

第一节　做人有十大要领

自古以来，中国人就十分重视人际关系。

我们当然知道，"个人"非常重要。但是，我们更明白，个人要有所成就，必须获得他人的协助。单独的个人根本没有办法完成什么大事，人与人的相互依赖才是社会进步的主要源泉。

人与人能不能相互依赖，并且透过分工合作来产生更大的合力，要看这些相互依赖的人，彼此之间的关系如何。关系良好，大家同心协力，众志成城，自然产生巨大的力量。关系不好，彼此钩心斗角，貌合神离，笑里藏刀，甚至互相破坏，那就毫无建树了。

由于重视人际关系，我们累积多年的经验，在民间流传的做人十要，简明易记，最具参考价值。

做人十要，由一至十，分别为一表人才、两套西装、三杯酒量、四圈麻将、五方交游、六出祁山、七术打马、八口吹牛、九分努力、十分忍耐。

一表人才和两套西装，属于个人的基本修养。三杯酒量、四圈麻将，则是社交活动必要的媒介。五方交游，才能扩大人际关系的范围。六出祁山、七术打马和八口吹牛，都是人际关系的技巧。九分努力还需要十分忍耐，人际关系才能良好。

从一数到十，是孩子们常做的练习。把双手十个手指头数完，成功的十大要则，已经牢记在心。剩下来的事情，就是用心去实践、认真去实行。唯有在做中学，把十大成功要则融入实际的日常生活之中，天天实施，时时反省改进，才能确保早日获得成功。

十大要领，如图2-1。

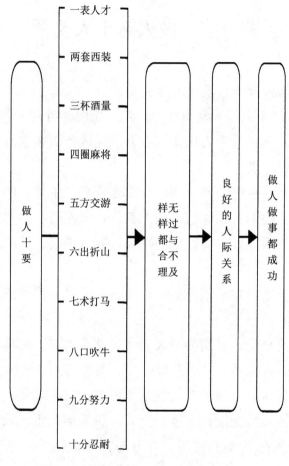

图 2-1 做人十大要领

第二节 个人修养还需要社交媒介

一表人才和两套西装,应该是人际关系的基本修养。如图 2-2。两者的目的,都在于留给人家良好的印象。

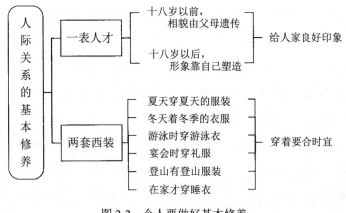

图 2-2　个人要做好基本修养

我们都知道，不要以第一印象来论断别人，因为人不可以貌相。一眼就要看穿别人，实在非常不可靠。

但是，别人常常以第一印象来论断我们，往往第一次见面，就表现出欣赏或不屑的样子，表示短暂一瞥，用眼睛大略地扫视一下，已经把我们看得一清二楚了。

为了防止别人以第一印象论断我们，免得经常受到鄙视或排斥，丧失许多建立人际关系的大好机会。我们必须用心调整自己，表现出"一表人才"的样子，使人一见面就产生比较良好的印象，对建立及开拓人际关系，有相当程度的帮助。

一表人才，主要来自一个人的修养。大概十八岁以前，相貌由父母的遗传来决定。但是十八岁以后，可以经由自己的学习和修养，透过"相随心转"的运作，来加以改变。学识丰富，内心充实，行为端庄，加上仪容整齐，不就是一表人才了吗？心一改变，外表也跟着改变，不妨试试看。

佛要金装，人也要衣服来装扮。两套西装，并不是冬天、夏天各有一套像样的服装，以充门面。而是不同的场合，应该穿着合适的衣服，务求适当而不违时、不怪异、不失身份，免得引起人家的不满，甚至非议。

现代有些人标榜奇装异服，因为除此之外，简直找不到让人家注目，也让自己觉得自己确实存在的理由，实在是一种毫无自信的表现。我们奉劝这些朋友，不妨想一想：如果有一天，当大家不再新奇，不再看一眼奇装异服的时候，那该怎么办？

说酒量，不限定于喝酒；说麻将，也不一定专指打麻将而言。中国人弹性大，容易应变，连说话也不例外。不必拘泥于字面的意思，却应该举一反三，善加类推，以求因人、因时、因地、因事而制宜。

三杯指"适量"，不宜过分。酒量指正常社交活动所饮食的东西。包括喝酒、喝茶、喝咖啡等，但不涉及大麻、安非他命、吗啡等毒性物品。人与人相处，难免借助饮食以增进彼此的关系，完全不予理会，并非良策。最好适时、适地、适质也适量，彼此愉快，而且确保安全。

打麻将不一定完全有害无利，不必对麻将深恶痛绝。只是上台容易下台难，说好打四圈卫生麻将，往往一下子两天一夜持续不停息，变得非常不卫生。四圈的意思，是"适可而止"，才能宾主尽欢，并且不影响健康，也不妨害正常生活。麻将的范围，应该扩大到桥牌、球类、登山、游泳、填字、猜谜等其他社交活动。

建立人际关系，必须善用社交媒介。如图2-3。

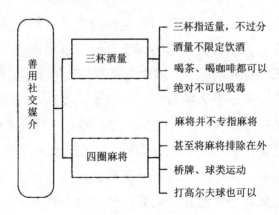

图2-3 社交媒介有助于建立关系

大家找机会一起聚餐，共同在各种活动中认识彼此，并且进一步逐渐互相了解，不但自然，而且有益身心的健康。这样发展出来的人际关系，大多正常而互有助益。

我们当然不会鼓励任何人去打麻将，但是我们也不鼓励大家对打麻将疾恶如仇，深恶痛绝。因为世间一切事务，离不开"自作自受"的因果法则，一人做事，最后必须由自己承担所有的后果。既然跑不掉，我们替他担这么多心做什么？他自己应当会替自己想才对！

中国人普遍相信一条定律：在家靠父母，出外靠朋友。"靠"的意思，当然是"依靠"的关系。于是靠得住或靠不住，便成为中国人十分重视的变量。

如果说中国人一生都在努力建立靠得住的关系，大概并不为过。没有三五位真正靠得住的友人，怎么能够成大功、立大业呢？有得力的帮手，当然非常重要。

靠不靠得住，必须经过较长时间的考验。而朋友众多，选择的概率也比较大。中国人主张"四海之内皆朋友也"，便是希望广泛地结交朋友，然后从中觅取知己。就算不能成为知己，朋友也总比陌生人要好得多。

五方交游，意思是不要自我设限，尽量扩大交友的范围，哪怕是三教九流，都可以放心地交个朋友。

中国人深知"山不转人转"的道理，一方面力求不得罪人，以免"不是冤家不聚头"；一方面则要求广结善缘，以便随时、随地可以找到熟人，比较方便办事。同时，结交各行各业的朋友，不但可以扩大见闻，增长知识；而且能够随时请教，不致请教无门。

随时随地抓住机会结识朋友，循着由浅入深的程序，逐渐培养彼此的情谊，但是始终保持安全距离，称为"君子之交淡如水"。

我们一生，如果能够结识三五位知心朋友，大概都有十分满足的感觉。可现实常常朋友满天下，知心无一人。要结交知心朋友，并不是一厢情愿，自己单方面愿意就能如愿。必须由浅入深，一步一步加深认识，增强信任，这些是急不得的。

五方交游的深层用意，分析如图2-4。

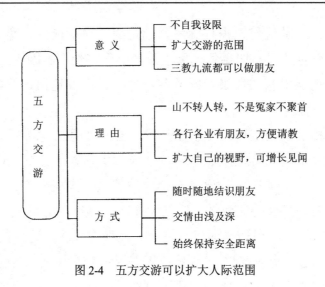

图 2-4　五方交游可以扩大人际范围

第三节　忍耐比努力更重要

一表人才和两套西装,指的是个人的修养。三杯酒量和四圈麻将,可以视为社交媒介。五方交游,用来扩大人际关系的范围。至于六出祁山、七术打马和八口吹牛,应该是人际关系所需要的技巧。

做人诚恳,还需要一些人际技巧,才能够适当地润滑人与人之间的关系。

六出祁山,是当年诸葛孔明不折不挠的故事。凡事难免遭遇困难,若是经不起挫折,便心灰气懒,何以成就大事?交友过程中,有时会引起误会,如果一下子就心灰意冷,如何培植深厚的友谊?必须坚定信心,以愈挫愈勇的精神,排除万难,永不向困难低头,而且要具体地表现在实际行动上面,大家才会相信,拉紧彼此的关系。

七术打马,意思是人难免有一些拍马屁的动作,表示对长上的尊重。拍马屁如果拍到大家都看出来,那就前功尽弃,而且会被上司训斥,不得如此小人行径。但是,拍马屁拍得好像没有拍一样,让上司、长辈对自己的举动,留下深刻而良好的印象,遇到机会主动提拔,拉自己一把,那真是求之不得,谁肯放弃呢!

八口吹牛，是适当地自我吹嘘，只要不过分，反而是一种自信的表现。吹牛吹过了头，人人都觉得可笑，一点也没有好处。吹牛吹得恰到好处，别人才知道自己有这样的能耐，等于帮助别人了解自己，甚有助益。

拍马、吹牛，都应该求合理。先把自己的本职工作做好，再来合理地拍马、吹牛，大家比较能够接受。

不怕挫折、适度逢迎、合理吹嘘，都是人际关系中不可或缺的技巧。坚定信心，表现得愈挫愈勇，才会引起大家的同情。尊重长上，让上司、长辈有良好印象，自然需要适度的逢迎。而自我吹嘘，固然令人厌恶，但是适时、适地、适度，也可能令人耳目一新，肃然起敬。

这些人际应有的技巧，如图2-5。

努力的人，固然不一定成功；但是不努力的人，则必定不会成功。大家未必喜欢努力工作的人，却更不欢迎不努力的人。

不努力，人际关系不可能良好，意思是说"不努力的人，势必和不努力的人混在一起，这种关系令人担忧"，同时指出"不努力于人际关系的建立和维护，不可能产生良好的人际关系"。不努力，当然不如努力的好，毋庸置疑。

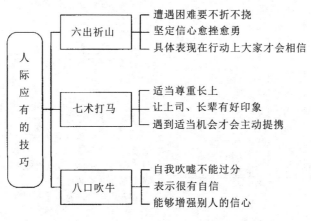

图2-5　六出、七术、八口是人际应有的技巧

但是九分努力,还需要十分忍耐。忍字是心上一把刀,只有能够忍受这般的痛苦,才称得上忍耐的功夫。

中国人主张"忍到最后关头",一方面在磨炼自己,使自己养成坚忍的习惯;另一方面在感化对方,使别人产生良好的感应,自动化解阻碍。

十分忍耐,白头发也会转成乌黑。忍耐所产生的力量,会化解许多障碍,带来许多意想不到的好处。

忍耐其实就是吃苦,吃尽各种的苦,将来自有苦尽甘来的日子。吃得苦中苦,方为人上人。忍耐受苦,不可能白受,要具有信心才好。

努力和忍耐,实在是人际关系的保证。其要点如图2-6。

为人十要,是建立良好人际关系的成功要诀。十要缺一不可,而且都必须合理,务求无过与不及,以期确保成效。

其实,中国人所说的道理,包括这成功十要在内,只要加上"合理"的制约,也就是一切表现得十分合理,便可以放心地放手去做。就算十分忍耐,也是一种合理的态度,因为不十分忍耐的话,就会宽待自己,以致表现出相当不忍耐了。

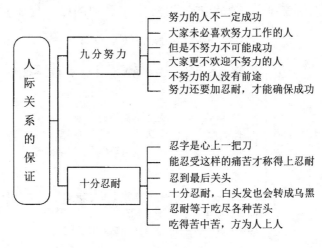

图2-6 人际关系的保证

✍ 我们的建议

一、成功的人际关系,是中国人共同的愿望。因为我们深信"在家靠父母,出外靠朋友",终其一生,必须寻觅若干具有良好人际关系的知己,以期成大功、立大业。知己难逢,最好扩大交友的范围,然后由疏而亲,由浅及深,在众多的朋友中寻觅知己,概率更大。一方面君子之交淡如水,保持适当距离以策安全;一方面则对知己无话不谈,共谋发展的良策。

二、我国民间流传做人十要,分别为一表人才、两套西装、三杯酒量、四圈麻将、五方交游、六出祁山、七术打马、八口吹牛、九分努力、十分忍耐。可以用来作为建立良好人际关系的十大要诀。这十要缺一不可,样样都要兼顾到合理的程度,以期建立良好的人际关系,从中获得可贵的知己。

三、知道这为人十要,并不能产生什么功力。必须付诸实际行动,才能发生功能。中国人十分重视实际,十足的行动主义者,因为唯有行动,才表示真的知道。知行合一,是成功的必备要件。坐而言远不如起而行,把这十要实际应用在日常生活中,成为真正的践行者,必能产生良好的效益。

📖 自我评量项目

1. 什么叫作做人十要?

2. 您对做人十要有什么感想?

3. 四圈麻将,现代仍然适用吗?

4. 六出祁山,是什么用意?

5. 七术打马,是不是大家都需要拍马屁?

6. 八口吹牛,到什么程度才合理?

7. 您认为做人有必要自我吹嘘吗?

8. 一表人才和两套西装,为什么是做人的基本修养?

9. 您对五方交游,有什么实际体会?

10. 为什么忍耐比努力更加重要?

第三章　中国人际关系最好称为人伦关系

伦是次序、秩序的意思；理必须以人理为重。
人理和物理不同，要重视次序，并且维持秩序。

物理不需要讲求道德，因为大多和道德没有关系。
人理必须重视良心道德，才能使人成为万物之灵。

人伦是人类文明进步中，最为重要的产物。
现代人轻视伦理，使得人类愈来愈像其他的动物。

伦理其实就是我们常说的：做人的道理。
按照做人的道理来建立合理的人际关系最为理想。

把伦理和人际关系结合起来，同等加以重视。
凭良心搞关系，就叫作人伦关系，大家都放心。

现代人紧张、忙碌，实际上是孤单寂寞所引起。
只有重视人伦关系，才能恢复休戚与共的和谐。

📖 学习目标

详读本章，学习者应能达到下列目标：

1. 明了人伦关系的用意，并能在日常生活中，把伦理道德融入人际关系。

2. 了解人际关系的目的，是在把事情做好，并能在日常生活中，透过好好做人，来好好做事。

3. 明白伦理可以补法律不足的道理，并能在实际生活中，既不违法，也不违背道理。

4. 知道现代人紧张、忙碌的真正原因，在于寂寞，并且能够以互相关心来消减寂寞。

5. 掌握人伦关系的六大原则，并能在实际生活中加以运用。

6. 分辨圆滑和圆通的差异，并且能够坚持圆通而不圆滑。

第一节　把伦理道德加入人际关系

西方文化以科学、法律和宗教为主，比较偏重于真理的探求。由于求真，所以重视证据、数字和事实。

中华文化以道德和艺术为基石，比较着重于价值的创造。由于求善，所以重视直觉、感受和仿效。如图3-1。

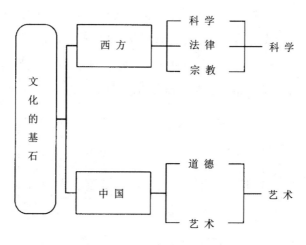

图3-1　中西文化的不同基础

在人际关系方面，西方讲求"依法"寻找"合理"的途径。人人重视法定的权利与义务，如有纠纷和冲突，即诉诸法律途径，依法寻求合理的解决。西方人对法律有信心，总认为法律之前人人平等，依法可以获得公平的待遇。人人守法，就能够获得应有的自由。

第一章所引述的那位美国青年，最关心的三个问题，事实上都离不开法律的框框，可见他满脑子都是自由竞争、公平法则、依法办事，一切以法为中心。

中国人讲求两把刷子，我们为了和谐，也为了关怀，常常把"依法"寻找"合理"这一把刷子暂时隐藏起来，先"搞好关系"以"寻找门路"，设法创造彼此更高价值的收获。只要注重道德，各凭良心，毕竟也是一条可行的道路。孔孟圣人都不对人的生活提出若干戒律，却推崇尧、舜、禹、汤、文、武、周公等圣贤，便是提醒大家，在搞好关系的时候，千万不可以忘记这些先贤所留给我们的行为典范。希望大家记住道德教训，一切凭良心，就能合理。

把"依法"暂时隐藏起来，并不是不依法，而是实在没有办法的时候，再来依法。我们先由情入理，大家有面子地凭良心讲道理，如果有效，当然求之不得。若是万不得已，情理走不通，再来依法办理，还来得及。

人与人的关系，固然十分复杂。但是归纳起来，也不外乎上司与部属、父母与子女，丈夫与妻子、兄姐与弟妹，以及熟人与陌生人等五种。《中庸》说：君臣、父子、夫妇、兄弟、朋友，是天下人共有的五种关系。《孟子》则进一步提出：父子有亲、君臣有义、夫妇有别、长幼有序、朋友有信。将伦理和人际关系结合在一起，也就是把伦理加入人际关系。如图3-2。

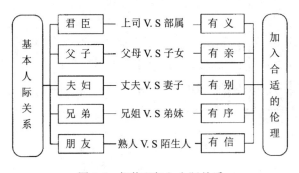

图3-2 把伦理加入人际关系

父子并不是专指父亲和儿子，通常我们说父的时候，包括母在内，因为父母是一体，不可分也不必分。同样说子的时候，也包括女在内。所以双亲和子女之间的关系，必须以亲情为主，而不是一天到晚讲究礼仪和交谊。家有家法，是不得已才动用的；若是经常家法侍候，恐怕两代之间，已经关系不良好了。

上司和部属之间，最要紧的是彼此互相敬重。夫妇之间，要有合理分工的关系。兄弟和姐妹之间，必须尊重大小的次序。而朋友之间，要以诚恳、信实为重。

这五种关系，是人生不可或缺的，可以说人人都需要。这五种主要的伦理，也是应该遵守的原则。

批评五伦不够用，说法太陈旧，不如躬亲实践，好好体会和认知，先把自己的五伦做好，最少可以修身，以求安人。

把人做得好，上下、左右、前后都合理兼顾，已经是面面俱到，十分难能可贵。再复杂的关系，都能够安排得合理妥当。做人成功，再来好好地做事。人人重视伦理，才能够发挥人伦关系的正面效果。

一般人提及人际关系，总认为那是一种"讨好别人"、"奉承长上、请求利害"、"争权夺利"的邪行歪道。其实这些负面的效用，都可以用注入伦理道德来加以改善导正。那些圆滑、好诈、见不得人的不正当人际关系，严格说起来，都是缺乏伦理道德的不良品。

中国人十分重视"做人""做事"的道理，人际关系就是做人道理的效果。只会做事而不会做人，人际关系搞不好，一下子得罪一个人，很快就把人都得罪光了，怎么能够好好做事呢？透过好好做人，来好好做事，通常比较有效。

人际关系既然是做人的道理，也可以说是做人的技巧。做人讲求技巧，免不了有一些权谋、圆滑、奸诈的味道，引起很多人的疑惧。这时候注入伦理道德，使权谋变成权宜应变，因时制宜；圆滑变成圆通，而奸诈也变成一种机警的转化，大家就认为很会做人，容易共处。

做人的技巧，一般人不愿意公开，更不敢用来传授他人。为的是怕人听错了，弄巧成拙；或者用错了，反而害人。深一层的理由，则是人际技巧必须注入伦理道德，才能生效。若是只学技巧，而不重诚信等原则，不但不能收效，而且为人嘲笑。因为以欺诈的心态来运用技巧，势必引起尔虞我诈的惨局，双方两败俱伤，毫无好处。如图 3-3。

做人不可以玩弄权谋，许多人误把圆通、应变看成讲求谋略，其实应该是策略才对。可以有策略，不必讲谋略。换句话说，一切要求正当合理，不应该有不正当的念头。

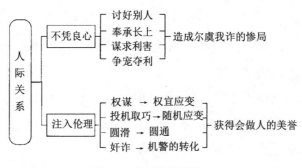

图 3-3　伦理就是凭良心

第二节　最好改称人伦关系

　　人际关系从幼童的教养开始，培养出不同的人际关系。西方家庭，遇到兄弟姐妹吵架，父母居于"依法处理"的概念，大多扮演法官的角色，明辨是非。哥哥对而弟弟错的时候，弟弟就应该向哥哥道歉；反过来也是一样，并没有什么伦理上所说兄弟长幼有序的顾虑。这样教养出来的子弟，当然只有法治观念而缺乏伦理精神。中国家庭并不如此，兄弟吵架时，父母好像不太重视谁对谁错，往往同时责令两人都面壁罚站。事实上父母心中有数，谁对谁错也不难判别。只是我们主张"大是非重于小是非"，而且"对也不见得有用"，这才如此这般，让孩子在面壁时，体会出"兄弟根本不可以吵架"。一旦有所争吵，并不是分出是非就可以解决的。

　　对，没有用。这是深入了解中国式人际关系的最佳切入口。西方人没有接触到这种观念，当然难以理解。我们在对和错之外，还更加关心圆满不圆满的问题。我们固然十分厌恶是非不明的人，然而是非分明，却不够圆满的人，人际关系仍然不可能良好。要求在圆满中分是非，就非进一步讲求伦理道德不可。我们的人际关系，随时随地要合乎伦理道德的标准，因此最好改称人伦关系。事实上伦理可以补法律的不足，凭良心应该比守法纪更为可贵。如图3-4。

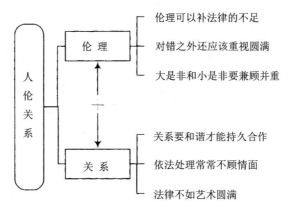

图 3-4　最好称为人伦关系

对，很对，可惜把关系弄坏了。请问这种"对"到底有什么用？对，把上司气坏了；对，把客户赶跑了；对，部属就是不愿意配合。对，又有什么用？记住：错，绝对不可以；对，有时真的没有用。

现代信息社会，大家过着紧张、忙碌的日子。言谈之中，都不喜欢这种生活方式，却又十分无奈，认为势所必然，很难加以改变。

人类追求自由，得到的是相反的结果：不能自由地选择自己的生活，决定自己的行为，这样值得吗？

其实，紧张、忙碌只是表面上的现象，真正的原因，乃是寂寞。现代人内心的寂寞是空前的，不得不借助紧张、忙碌来排遣，以免寂寞的痛苦更为明显，这才是现代人最大的苦恼。

寂寞几乎成为每一个人生活的一部分，不但难受，而且容易陷入孤独，有话想要说，找不到适当的对象；有乐趣想要共享，又害怕遭受拒绝。现代人普遍薄情重利，内心的封闭使人寂寞，似乎为大众所遗弃，而不被关怀。如图 3-5。

想要改变这种不愉快的情况，只有重视人伦关系，恢复彼此荣辱相关、休戚与共的和谐，才有可能改变。勇敢走出寂寞，扩展自己的人伦关系。

现代人大多寂寞，却又不承认自己没有朋友。要建立良好人伦关系，最要紧的，便是重视它、改善它、扩展它。

公寓楼上楼下不相识，左邻右舍见面不打招呼，一家人各自面对一台计算机。宁可整天拿手机和远方的朋友聊天，也不愿意和坐在隔邻的家人或朋友说话。这样的人，能不寂寞吗？这样的生活方式，还有什么人际关系可言？问起为什么，答案经常是太忙了，顾不得那么多，实在是自己骗自己。

现代人紧张、忙碌、寂寞，是由于没有适当的调剂、没有时间多思考，以及没有亲友可商量所造成的。

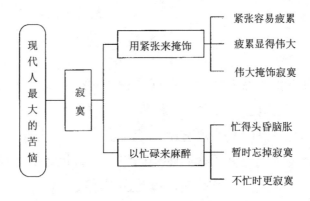

图 3-5　寂寞是最大的苦恼

没有适当的调剂，身心俱感紧张，得不到适当的松弛，日久积压成疾。这时候人伦关系如能和谐，使人觉得社会没有那么可怕、竞争不那么大，因而感觉不必如此紧张。彼此关怀，实在是缓解压力的最佳方剂。

没有时间思考，人就会更加忙碌。如果忙中有错，时时为了补救而增加工作，岂非忙上加忙？唯有在和谐的人际关系中，共同思考，互相提醒可能的疏失，才能减少忙碌。

没有亲友商量，难免寂寞。特别是某些事情很难对外人启口，或是说出来外人也不便参与，那就更加觉得苦闷。这时，与具有和谐关系的亲友之间彼此协商，正是排解寂寞的良方。

当亲友的关怀逐渐消减，家人不一定亲密，作"秀"的人愈来愈多的时候，我们更应该加强人伦关系。从自己做起，当然对自己最有利。坐而言不如起而行，赶快！如图3-6。

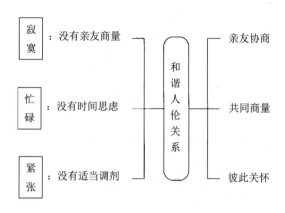

图3-6　紧张忙碌更需要人伦关系

现代人就算有朋友，也快要没有亲人了。双亲就是双亲，不是朋友。把双亲当作朋友，结果多了两位年纪大的朋友，却失去了双亲，这样好吗？

有朋友，也需要有双亲。有同事，也需要有亲人，毕竟功能不同，难以取代。

关怀、商量、协商，是解除紧张、忙碌、寂寞的良好方法。大家多试便知，而且很容易见效。

第三节　人伦关系有六大原则

人伦关系的六大原则，列举如下：

一、合则共利，互相依存。

人是群体的动物，最好在团体中完成自我。

二、同时主伴，彼此礼让。

异时因果和同时主伴，构成彼此礼让的要件。

三、发挥潜力，能者多劳。

天生我才必有用，不用即等于无用，能者应该多劳。

四、凭着良心，发出爱心。

光说爱是不够的，必须凭良心，才能爱得合理。

五、各自成长，彼此影响。

人既不是为自己而活，也不是为别人而生存。

六、分工合作，同心协力。

要合作必须分工，能协同一致，才有组织的力量。

兹分别说明如下，以供参考。

一、合则共利，互相依存。如图3-7。

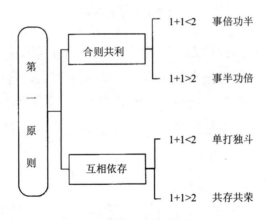

图3-7　合则共利应互相依存

一加一可能小于二，叫作"事倍功半"；一加一可能等于二，成为"一分耕耘，一分收获"；一加一也可能大于二，便是"事半功倍"。这当中的秘密，在于"人伦关系"的和谐与否。也就是由人伦关系来决定可能产生的结果。

每个人在生存的状态下，都不可能不与他人发生关联，最好不是紧张的关系，而是共存共荣的和谐关系。每一个人都是人，肯定自己也应该肯定别人。

任何人想要成功，都非靠别人的支持不可。忽视别人的力量，不可能成功。事实证明，由于人伦关系不良而被革职的，是因为工作能力不好的两倍。人伦关系良好，可以得到各种专才的协助，成功的几率比较大。

有机会，当然要把握。但是单打独斗的时代已经过去，现代人必须合则共利，才能够互相依存，共同实现理想。

机会加上努力，若是得到人伦关系的助力，必然事半功倍，本书第一章已有详细说明，请再想一想，就会更加明白其中的道理。

得到他人的帮助，未必就是一种不好的事情。固然有人营私舞弊，同流合污。却也有人群策群力，成其美事。所以人伦关系，只要合乎伦理的要求，大家凭良心，互助互利，并没有什么不好。

事半功倍，一直是大家努力追求的目标。有机会，更需要人伦关系的协助。

二、同时主伴，彼此礼让。如图3-8。

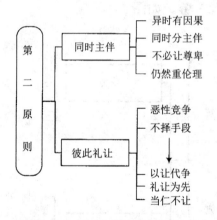

图3-8　同时主伴要彼此礼让

不同的时间，才会产生因果关系。同一时间，应该分出"主""伴"，以求合乎伦理的次序。只要以主伴取代往昔的"尊""卑"，便无所谓不民主。

为了讲求和谐，中国人发展出一套"以让代争"的艺术。竞争既然无法避免，那么用礼让来竞争，最为和谐。

我们倡导礼让为先，主张让一步海阔天空，似乎中国人一切以忍让为原则。实际上我们也鼓励当仁不让，谁最合适由谁来，这时就不应该再辞让。

让来让去，好像在推、拖、拉。让到最后，什么人都不肯做。盲目推、拖，拉，不但浪费时间，而且耽误正事。成为众人厌恶的圆滑，人际关系必然很差。让到最后，由真正合适的人来处置，便是合理的推、拖、拉，叫作圆通，才是良好的人伦关系。在礼让中竞争，大家不伤和气，而且获得合理的结果。可惜现在有很多人，分不清圆通和圆滑，以致破坏了"以让代争"的局势，弄得是非不分。甚至视圆通为圆滑，错怪了真正圆通的好人。

同样推、拖、拉，如果是存心用它来推卸责任，企图不了了之，根本不想解决问题，那就是可恶的圆滑。若是运用它来减轻阻力、降低竞争压力，同时圆满解决问题，那当然是圆通。两者过程相同，而结果完全不同。必须明辨，才不致产生误解。不必盲目排斥推、拖、拉，也不可以存心推、拖、拉，最好以推、拖、拉来解决问题，最为上策。

三、发挥潜力，能者多劳。如图3-9。

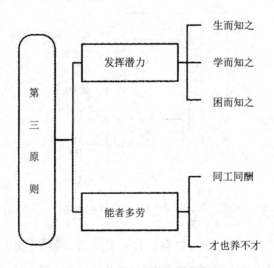

图3-9 能者多劳以发挥潜力

俗语说："活到老，学到老；学到老，学不了。"意思是做人做事的道理，一辈子也学不完。

生而知之的部分，一生下来就知道；属于天赋的东西，不用学也会。学而知之的部分，只要学而时习之，边学边用，也不难学会。但是困而知之的部分，那就非经过磨炼不可。任何人要发挥潜力,必须接受更为艰难的挑战,适当地激发,使潜在的能力,能够发挥出来。

更重要的是,必须打破同工同酬的观念,认为"给多少钱才做多少事,出多少力"。相反地,唯有改变心态,发挥"才也养不才"的爱心,把"多付出"转化成"多获得磨炼的机会"。能发挥潜力,比多赚钱更重要,才是伟大的奉献精神。

人大可分为"才也"和"不才"两类,才也先天丰厚,后天又有良好学习环境,当然比"不才"更有能力。这时候如果斤斤计较同工同酬,有才等于无才,岂不可惜?若能抱持"能者多劳"的心情,并且功成不居,仍然十分谦让。在人伦关系方面,必然有显著的成就。

人人皆有潜在的能力,一辈子不发挥出来,就等于没有潜力。现在大家让来让去,发觉自己是合理的担当者,就应该当仁不让,勇敢地承担有把握的任务。

有表现最好感谢大家把机会让给他,而不是斤斤计较,要求多少酬劳。有能力,固然是自己很用心,却大多来自先天的禀赋。这时候感谢上天,抱持能者多劳的态度,表现得多一些、好一些,岂不是更加愉快?何必一定要在物质所得方面耿耿于怀?

四、凭着良心,发出爱心。如图3-10。

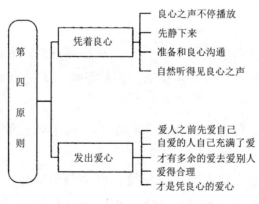

图3-10 凭着良心以发出爱心

有人主张爱心是与生俱来的;有人认为爱心是经由学习才激发出来的;也有

人宣称失去爱心是十分残酷的事情，促使大家重新评估爱心的价值。

不管怎样说，要发出爱心，必先凭着良心。

基本上，任何人爱人之前，一定要先爱自己。一个不爱自己的人，自己没有爱，怎么可能去爱别人？先自爱，使自己充满了爱，然后才有多余的爱来爱其他的人。自爱才能爱人，而自爱就是凭良心，所以说要爱人先凭良心。

凭良心的另一种说法，叫"合理"。爱得合理，发挥合理的爱心，便是凭良心的表现。

爱心本身并不复杂，令人觉得复杂的，反而是人。人有个别差异，也有不同的处境。合理不合理，因人、因时、因地而变化，所以很不容易判定。

希望人伦关系良好，必须养成和自己的良心对话的习惯，以期获得合理的掌控。良心之声每天二十四小时全年无休地播放着，可惜我们忙于听取世俗的资讯而不去收听它。凭良心，就是先使自己安静下来，用心和自己的良心沟通。良心会说话，觉得心安，自然理得。凭良心，才能够爱得合理，而不是到处散布不合理的爱，成为人伦关系的破坏者。

每天午夜，也就是夜晚十一时到一时之间，称为子时，是良心之声最清晰的时候。若能静下心来，和自己的良心对谈，应该可以得到很多凭良心的答案。遭遇难题时，不妨试试看。

五、各自成长，彼此影响。如图3-11。

人生是"自作自受"的过程，每一个人都必须各自成长，为自己负起全部责任，但是人毕竟需要群居，与他人互动，彼此影响。于是"敬人者人恒敬之"，成为十分重要的法则。

论交情、讲辈分、套关系，希望在和谐的气氛中顺利解决问题，正是"敬人者人恒敬之"的实践。

每一个人，不论在家庭、邻里、学校、机关乃至社会，各有其上下左右前后的主伴关系，希望各种关系都能够建立得很好，必须切实做到"将心比心，设身处地"。人伦关系的开展，基本上只有一个信条，那就是"敬人者人恒敬之"。

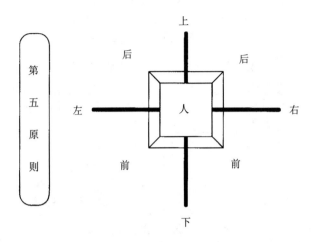

图 3-11　各自成长而彼此影响

我们大多了解敬人者人恒敬之的道理，却实施得不够理想。根本原因，在"希望他人率先看得起我"，以致存心观望，不能自动。若能人人主动，由自己做起，亦即率先以礼敬人，那么，人人互相尊重，人伦关系必然得宜。

"敬"字的意思，用现代话来说，其实就是"看得起"。看得起别人，别人才会看得起我们，便叫作敬人者人恒敬之。反过来说，看不起别人，别人同样看不起我们，这样才合乎"互相、互相"、"彼此、彼此"的交互定律。率先看得起别人，是人伦关系自作自受的最佳起点。自己看不起别人，却希望别人看得起我们，恐怕是十分困难的事。

六、分工合作，同心协力。如图 3-12。

单打独斗既然行不通，就必须合群，打组织战。有了组织，必然分工。但是分工容易剥夺整体的兴趣，产生支离破碎的感觉，甚至生出浓厚的本位主义，影响合作的效果。

好在人有合群的天性，只要观念正确、脑筋清楚，应该可以既分工又合作。

首先，要建立"分工是为了合作"的概念，如果不能合作，那就用不着分工。不能达成合作的效果，分工就失去价值。可以说有坏处而没有好处，干脆各搞各的，不用分工，反而好一些。

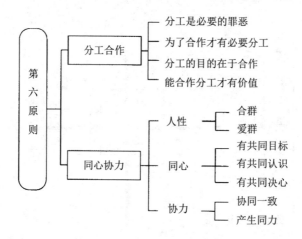

图 3-12 分工合作求同心协力

人伦关系，用来帮助大家建立共识，确定共同的目标，还要坚定共同的决心。这样的关系，才能产生良好的互动行为，达到预期的合作目标。

组织必须具有协同一致性，大家的力量能够结合在一起，产生合力。组织成员共同体会和认知合则共利，互依互存的必要性，依据同时主伴、彼此礼让、发挥潜力、能者多劳的原则，都能够凭着良心来发出爱心，也能够各自成长而彼此影响，当然比较容易分工合作，却又能够同心协力，产生最大协同一致性的合力。

以上六大原则，是建构良好的人伦关系不可或缺的配套要件。就人伦关系谈人伦关系，远不如从合则共利、同时主伴、能者多劳、凭着良心、各自成长、同心协力这六大方面，更加周到而有效。

第三章　中国人际关系最好称为人伦关系

✎ 我们的建议

一、按理说,人口增长,人愈来愈多,应该愈来愈热闹才对,怎么会愈来愈寂寞呢?主要是人的内心封闭,拒绝与他人交往,每天面对计算机,比和其他的人见面的时间还要多。这样的生活,当然十分寂寞。同时,社会变迁,使血缘共同体、地缘共同体逐渐丧失影响力。在这种情况下,重新建构良好的人伦关系,愈来愈重要。

二、中国人一向不知寂寞,也不甘寂寞,因为我们的家人、朋友、同乡、同宗、同学等关系,错综复杂。各种直接、间接的关系,使我们活得十分热闹,想要独处,恐怕都相当困难。我们忽然变得寂寞孤单,主要是弄错了人伦关系的一些原则,并且常常拿西方的标准来衡量,因此误解了中国人的真面目,真是十分可惜。

三、今日社会之所以混乱,主要在于彼此缺乏共识。有些人用这种眼光,有些人用那种看法,彼此觉得格格不入。多元化社会更应该互相尊重,以让代争,可见中国人这一套设计,符合现代化多元社会需要。不要忘记我们的历史文化,本来就是多元发展而成的,中国人适应多元化社会的能力,应该是游刃有余的。多元化对中国人而言,非但不新奇,而且没有什么困难。

📖 自我评量项目

1. 什么叫作伦理？

2. 为什么要把伦理加入人际关系？

3. 西方文化以什么为主？中华文化呢？

4. 为什么伦理可以补法律的不足？

5. 对，为什么没有用呢？您的高见如何？

6. 现代人为什么紧张、忙碌？您自己呢？

7. 怎样才能消减寂寞？

8. 人伦关系有哪六个重要的原则？

9. 您对能者多劳有什么看法？为什么？

10. 怎样才能分工合作？

第四章　人际关系的三个阶段

中华文化三要素：务实、不执着、中庸。
正好代表人际关系发展过程中，三个不同的阶段。

第一阶段讲求务实，实实在在做人，规规矩矩做事。
务实、务本，并且诚恳待人，乃是人际关系的基础。

第二阶段是不执着，小心规矩是死的，要加以活用。
我们常说持经达权，不执着便是有所变、有所不变。

第三阶段叫作中庸，真正的用意，在寻求合理。
变来变去都合理，做到无一事不合理，就叫作中庸。

中庸很难达到，值得我们努力一辈子、终生学习。
取法乎上，才能得乎中，不能因为困难就要放弃。

三个阶段按部就班，一步一步提升自己的实力。
先求务实，再学不执着，然后才有可能常保合理。

第一节 第一阶段是务实求本

人际关系可以分成三个阶段,如图4-1。

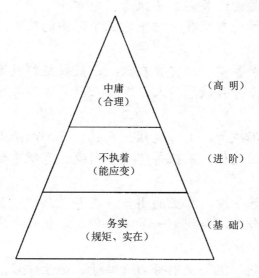

图4-1 人际关系三阶段

分别是务实阶段、不执着阶段和中庸阶段。

先说第一阶段,务实求本,属于人际关系的基础工程。我们都知道,做人实实在在,做事规规矩矩,这是中国人安身立命的基本原则。中华文化的第一要项,便是务实、务本。具体的表现,即在诚诚实实做人。不得损害任何人,并且以诚恳的态度对待别人。为人诚恳,做事实在,人人都欢迎。

佛祖释迦牟尼说过:"知道自己的愚笨就是聪明人。"一个人由发现自己的缺失到改变自己的行为,正是务实、务本的实践。知过必改,是对待自己的最佳途径。

任何人要求成功,有两条路可走:一是正道,二是偏锋。以务实的方式来建立人际关系，属于正道；用欺诈的方式来建立人际关系，即为偏锋。循正道成功，才是实至名归，值得敬重。因偏锋而成功，不过是欺世盗名，并无多大价值，徒然惹人背后耻笑。中国人厌恶权术而欣赏艺术，便是由于艺术才是务实、务本的方式与技巧。

做人的根本，是实在。务本就应该务实；务实才是真正的务本。所以务本和务实，原本是一样的，那就是：实实在在做人，诚诚恳恳做事。两者缺一不可，必须兼顾并重。

但是，实实在在做人，规规矩矩做事，不过是基础工程，并不表示一定能够成功。先把基础工程做好，还要在上面建造一些高楼大厦，才显得富丽堂皇。所以实实在在，规规矩矩只是本分，守本分之外，需要进一步持经达变，培养自己的随机应变能力，才能获得成功。

经常看见传播媒体宣示："我有话要说"，不知道会害死了多少年轻人。有话当然要讲，只是在讲之前，必须经过许多思虑和历练，才能趋吉避凶，不害人害己。

初入社会的年轻人，就算满腹经纶，也不能够忽略：书本上的理论不过是一般性的；而社会上所遭遇的，却是现实性的。现实社会富于特殊性，并非书本上那些一般性理论所能够涵盖的。如何以一般性的理论来适应特殊性的现象，有待于多多学习和体会。

为了避免滥发议论而屡屡碰壁，饱尝挫折，年轻人最好多看、多听，先了解环境，再适应环境，然后才来动脑筋改造环境，最后才有能力合理地创造环境。

社会中正面负面的状况，都要多看、多听、多问，暂时先不急着发表自己的意见。少开口并不是不开口，而是看准了，想明白了，才开口。这样言必有中，每一句话都合理，正是建立人际关系的优良条件。胡言乱语，不但让人家看不起，而且减低了自己的信用。如图4-2。

够条件、有本事，还要加上时空合适，才能够"有话直说"。不然的话，说出一些话来，固然痛快，却也很快就要承受某些痛苦，逃避不了。

先培养条件，练好本事，将来抓住时机，看准场合，再来有话就说，应该比较妥当。有话直说，有话就说是一种十分圆熟的境界，并不是任何人都能够做到这样的。把它摆在前面，当作努力的目标，应该比较安全。若是一下子就要如此，恐怕凶多吉少，少试为妙。记住祸从口出的警语，小心说话，才是打好人际关系基础工程的最佳保障。

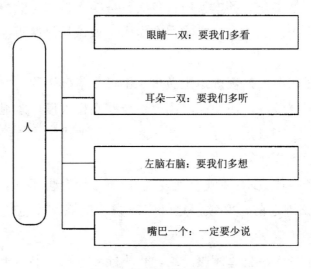

图 4-2　多听少说打好基础

第二节　第二阶段讲求不执着

只知道规规矩矩，如何应变？规矩是死的，必须加以活用。活用规矩应该以务实、务本为基础，在不忘本的情况下权宜应变，才不致乱变，才是变而能通。如图 4-3。

我们最好明白，人际关系是不进则退的。如果不能随时注意调整，久而久之，关系只会转坏而不可能转好。培养自己的应变能力，因时、因地而制宜，才会增进良好的人际关系。只有愈来愈好，才能防止愈来愈坏的不良趋势。

不执着提示我们，天下并非一切都是机械性的，有暂时不变的，也有时刻都在变的，必须富于改善意识，运用精锐的眼光，发挥自己的智慧，不断寻求改善，以期日日新、又日新。依凭这种态度来调整人际关系，就算终其一生只有少数亲朋好友，也不会感受到机械性的倦怠，而经常兴趣盎然，充分体会和认知"人是旧的好"。

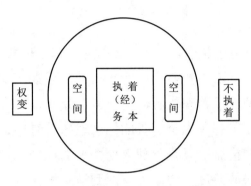

图 4-3　第二阶段讲求不执着

不执着的重点，必须放在"不可不变，不可乱变"上面。不可以一心求新求变，却忘掉了根本，也不应该抗拒变革，不利于固本。有所变还要有所不变，所以称为以不变应万变。

真正务实，需要不执着的修养，才能够适当地调整，使根本稳固。不执着就是我们常说的随机应变，任何事情都需要因人、因地、因事、因时而制宜，不可以一成不变地墨守成规。变来变去都能够务实，才是真正的务本。否则务实到失去效果，实际到动摇根基，岂不是徒然使自己失去务实、务本的信心？因此适当地不执着，才是长期得以务实、务本的有效法则。在确保务实基础的前提下，求取进阶的应变，更为务实。

孔子希望我们懂得学则不固的道理，刚开始时不要固执，对于所学的东西也不能固执，更不可以固执自己所学到的东西。但是，不执着并不是永远都不执着，因为及时执着，才有办法下定决心。不执着是深怕不能适应时间、空间的变化，一旦时间、空间固定下来，就应该当机立断，立即执着。老是不执着，根本不可能有所作为。由不执着到执着，其实就是决策的过程。代案并不执着，而一旦成为定案，就应该要执着才好。如图 4-4。

图 4-4　由不执着到执着

时机未成熟，不必急于执着，此时以不执着为宜。时机成熟，那就应该执着，才是真正的随机应变。采取不执着的心态来执着，以期执着得恰到好处，便是不执着的真义。不执着是为了合理执着，这一点十分重要。

不执着的目的，在于择善固执。善的标准也随着时间、空间的变化而迁移，所以此时此地最合理的措施，乃是处理人伦关系的标准。随时随地由不执着而执着，这是一种相当机警的态度。中国人有原则地随机应变，目的即在寻觅此时此地最合理的解决方式。时空一改变，所执着的态度也应该合理地应变。

由学则不固到择善固执，其中有一项十分重要的因素，那就是时间和空间。配合时间、空间的变化，从所学的多元方案中，选择最合理的解决，便是择善固执，分析如图 4-5。

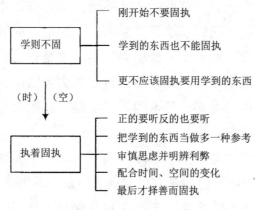

图 4-5　从学则不固到择善固执

不执着是一种准备心态，随时依据实际需要，做出合理的选择，形成执着的决断。站在不执着的立场来执着，以免执着得有偏差，同时也不致犹豫不决，影响决定的作出，也耽误了决定的时机。随机应变并不一味求新求变，而是"应该变才变，不应该变就不能变"的"有所变有所不变"，才能够有效地制宜。说起来正是现代许多人看不懂的"以不变应万变"，引起很多的误解和质疑。其实以不变应万变是变而不是不变，以不变的原则来应万变的变化，成为最合适的不执着态度，这是中国人最高明的一种智慧。

第三节　第三阶段一切求合理

执着时如果有对有不对，是执着得不一定合理的证明，这时候还需要继续修持，勤加磨炼。不执着必须小心体验，以求"不变则已，一变便合理"，达到中庸的境界。

长久以来，我们都误解中庸的真义，以致有些人很反感，认为中庸阻碍了我们的进步。中庸就是合理，无一事不合理叫中庸。我们一方面要求合理化，一方面又否定中庸，简直是一大笑话。合理的抉择，便是变得合理，也合乎中庸的要求，两者可以说是一样的。

中庸之道，实际上便是一切求合理，这是人际关系最高的层次。孔子说："射箭很像君子的做人之道，射不中正鹄，不怪来怪去，要反求诸己，怨自己的功夫不够。"自己不合理，不必怨中庸，应该反过来问自己，为什么凡事合理对我而言如此困难呢？"好比走远路，必须从近处开始；好比登高处，必须从低处开始"，让我们共勉之。

择善固执已经相当困难，要求不固而中，一执着便合理，当然更加不容易。但是，我们不可以因为它不容易达到，便加以放弃。反而要接受这种高难度的挑战，力求突破。方法不固定，程序不一定，但是无论如何，必须命中目标，达成预期的成果。这是不固而中的主要精神，也就是"不出手则已，一出手就要击中要害"的意思。看起来随随便便，实际上一点也不随便。看起来马马虎虎，实际上丝毫都不马虎。要达到这种地步,必须时时用心,勤加练习。不可以抄捷径、求速成,因为不是一朝一夕,不做练习就能够达成的。

不固而中的要旨,分析如图4-6,以供参考:

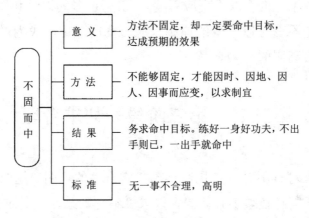

图4-6 不固而中的要旨

我们不得不承认,中庸的确很难达到。但是不可以因为困难便否定它的存在与价值。相反地,它值得我们努力一辈子,成为终生努力的长期目标。

人际关系的合理化,有赖于自己长期的培养声望。因为中国人很讲道理,却往往把道理和人连接在一起。同样一句话说,声望不够的人说起话来,便是人微言轻,很少有人加以理会。换一位有声望的人说起来,马上显得有分量。

养望相当困难,不是一朝一夕所能达成的。培养自己的沟通力,是比较可行的途径。人际关系有许多地方离不开沟通,良好而有效的沟通力,正是建立和谐人际关系的主要方法。如图4-7。

不存心说服,却圆满地沟通,这是大家都必须努力自我训练的目标。说话说得让对方听得进去,不强施压力使对方产生反感,又能够引起对方的共鸣,进而引发共同的行动,才是最有效的沟通。

沟通不等于说服,沟通力良好,才能在和谐的气氛中彼此协调。这时候更需要重视人伦的道理,使大家觉得这种尊重他人的态度,值得敬重,也能够给予相当的信任，久而久之，声望就建立起来了，这是急不得的，必须经过时间的考验。

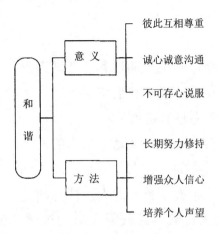

表 4-7　养望是必要的条件

中国社会，经常有理讲不通，而且愈辩论愈各有所偏而难有交集。这时候德高望重的人，由于大家对他有信心，知道他不一定公平，但是相当公正，因而寄望于他，把他当作桥梁，彼此便于沟通。不管有没有道理，都比较方便下台阶。所以培养声望，显得十分重要。

✎ 我们的建议

一、人际关系不进则退,必须长期培养,逐渐调整,才能愈来愈和谐,愈来愈合理。中华文化的三个层次,提示我们依照务实、不执着、中庸三进程,层层提升自己的能力,使人际关系日有进展。

二、随时随地不忘务实、务本,就是不忘本的态度。秉持这种心态去拓展人际关系,最为有利。因为务实的人,态度诚恳,即使偶有应变上的缺失,大家也比较愿意原谅他。相反的,不务实务本的人,偶有缺失,大家就很不容易给予谅解。同样做得不好,有些人比较容易获得大家的谅解,就是他自己的态度所造成的。

三、初学三年,天下去得;再学三年,寸步难行。人际关系变化很大,相当复杂,其中的艰辛,往往是久而后信。愈有经验的人,愈能体会。我们必须小心谨慎,不畏艰难,自然善于适应。年轻人初出茅庐,犹如初生之犊,具有不畏惧老虎的勇气,却也常常面临被老虎吃掉的重大危机。重视明哲保身的话,最好步步为营,更加安全。

📖 自我评量项目

1. 人伦关系可以分成哪三个阶段？

2. 为什么要以务实、务本为基础？

3. 不执着的真正用意是什么？

4. 知过必改，和不二过有什么关系？

5. "我有话要说"，您的感想如何？

6. 什么叫作以不变应万变？高见如何？

7. 一切求合理是可能的吗？您的心得如何？

8. 什么叫作不固而中？请举例说明。

9. 为什么要养望？您的看法如何？

10. 公正而不一定公平，高见如何？

第五章　人际关系的经和权

"经"是共识,也叫作不易的常则。
"权"是应变,称为权宜的因应措施。

中国人最擅长"持经达权",有原则地应变。
一般人称为"持经达变",不但有经,而且有权。

人际关系的经,就是大家对人际关系的共同原则。
依据这些共识来权宜应变,才能够制宜而不乱变。

做人的起点在把握自己的动向,也就是修己。
第一印象十分要紧,必须慎始,不可以大意。

让好人说我们好,也要让坏人骂我们坏。
同情他却未必同意他,先了解再来设法改变。

推己及人,由亲而疏,我们是别爱的民族。
艺术大家赞赏,权术却人人讨厌,要加以明辨。

第五章　人际关系的经和权

📖 学习目标

详读本章，学习者应能达到下列目标：

1. 了解经和权的意义，并能在日常生活中加以分辨。

2. 明白经权的配合原则，并能在实际生活中持经达变。

3. 知道人际关系的经，并能提出自己的基本原则。

4. 明了人际关系的权，并能在日常生活中随时练习应变。

5. 分辨持经达变和变得离谱的差异，并能在实际生活中用心加以体会。

6. 掌握有所变有所不变的原则，并能在实际运作中不断求进步。

第一节　人际关系的经

人际关系的基本共识，称为经。我们归纳成下述六个，分别说明如下。

一、做人要从自己做起，如图5-1。

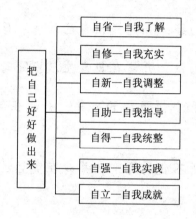

图5-1　做人要从自己做起

人际关系从自己出发，自己想做什么样的人，就会建立什么样的人际关系。现代的价值观是：尊重个人的价值取向，把每一个人依自己的特长、志趣而从事的活动，都视为正当。做正当的事，就是堂堂正正的人。

因此，自省（自己反省，以促进自觉，亦即自我了解）、自修（自我充实，自己修治自己的缺失）、自新（自我调整，求奋发向上）、自助（自我努力，亦即自我指导）、自得（由自助而有所改善，促进自我统整）、自强（刻苦自励，切实进德修业，真正贯彻自我实践），以至自立（建立自己的人际关系，亦即自我成就），乃是一连串必经的过程。个人由自我了解而自我指导，由自我指导而自我统整，以期获得自我成就，这是儒家的辅导程序，与现代的理论不谋而合，必须切实由自己做起。一切靠自己，符合自作自受的道理。

从自省到自立，每一种修持都有一个自字，表示一切从自己做起，才有成就的希望。偏偏现代人"多要求别人却很少要求自己",大家所注意的,是别人如何如何,很少反省检讨:自己有没有做得不够的地方?

人是自己做出来的,希望成为什么样的人,就应该一步一步,按照自己的希望,认真地把自己做出来。这是儒家"反求诸己"的主张,也是"自己负起完全责任"的具体表现。

自己对自己抱有什么样的期待,就会把自己造就成为那个样子。心想事成,相随心转,自己应该为自己负起全部的责任。怨天尤人不但没有作用,反而浪费时间。

二、第一印象十分重要,如图5-2。

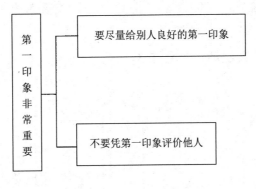

图 5-2　第一印象十分重要

人与人之间,只要彼此来往过几次,就会互相产生某种评价。这种人际的习惯规律,证明人大多习惯于利用过去的经验来判断其他的人,同时,也习惯于和熟悉的人打交道。

第一、二次信用良好,就可能被对方视为有信用的人。开过一两次玩笑,以后所说的话,常常被当作笑话。

每一个人迟早都会被人贴上一张看不见的标志,清清楚楚地写着他的性格和人品。许多人更是一见面就喜欢论断对方究竟是什么样的人,所以第一印象非常重要。

但是,第一印象常常使我们产生不正确的认识,亦即很容易误导,使我们反而无法正确而清楚地认识对方。我们最好告诫自己：不要凭第一印象就随便评价他人，却应该尽量注意自己给别人的第一印象。这样，才能两方面兼顾。

本书第二章已经提及，做人有十大要领。其中一表人才和两套西装，可以给别人一种良好的第一印象。我们看一个人，在对他毫无认识，又无任何辨识资料的时候，往往根据他的长相和衣着，来建立自己对他的第一印象。反过来说，希望别人对自己有良好的第一印象，就必须端正仪容，注意穿着，以免引起对方的不良反应。

不过，我们自己最好保持高度的警戒，不要依对方的相貌和衣着来论断对方的人品，因为这二者的关系可能产生很多变化，必须谨慎才好。佛要金装，人要衣装，是做给别人看的。我们自己要格外小心，不要被金装的佛、盛装的人所迷惑，以免吃亏上当，还要惹人嘲笑。

三、好人说好坏人说坏，如图5-3。

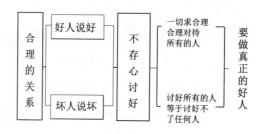

图5-3　好人说好坏人说坏

大家都说好，未必是真好人。大家都说坏，也未必是真坏人。好人说他好，坏人骂他坏，这才是真好人。好人骂他坏，坏人却说他好，这人真的坏。

特别是多元化社会，同样一件事，有一个人说好，就可能有五个人说坏。我们不能够单凭人家的论断来判定这件事情的好坏，却应该看看赞成的是哪些人，反对的又是哪些人，然后才谨慎地进一步判断。

人际关系的经，是"不存心讨好任何人"。存心讨好，已经是不诚，何况中国人警觉性很高，很快就会发觉存心讨好的人，因而特别加以提防，反而不容易建立正常的关系。事实上，讨好所有的人等于讨好不了任何人。所以我们的人际关系，以合理为基准。表现合理，让好人说好，不必害怕让坏人说坏，坏人骂我们，证明我们才是真正的好。

有些人十分在乎别人的批评，听到有人说坏话，不论说的人是谁，都非常介意。这种希望每一个人都说好的人，往往过分害怕得罪人而成了乡愿，并不是大家所喜欢的对象。

不当乡愿，要明辨是非。由于好人和坏人的立场常常不一致，因而有人说好时，就有人说坏。真正的好人，并不担心坏人说他坏。他所介意的，应该是好人一定要说他好。不在乎坏人说他坏，才有足够的胆识来把自己做成一个真正的好人。

凭良心，不讨好，也不刻意为了凸显自己的好而得罪坏人，这才是上策。

四、同情不一定要同意，如图5-4。

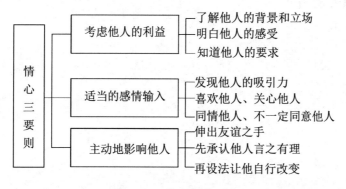

图 5-4　同情不一定要同意

人际的交互作用，有赖于适当的感情输入。亦即从对方的立场去考虑他的想法，以了解他的感受、要求和苦恼。

感情输入并不一定产生共鸣。共鸣指了解他的感受，而且同意和接受他的感受。感情输入则相当于同情却不一定同意。

我们要影响对方，必须先了解他的背景和立场，主动给予配合，才能让他乐意接受。

尽可能发现彼此相似的地方,最好能找出他的优点,逐渐喜欢他、关心他。当这些反应传给他以后,他也会有所回馈。彼此都伸出友谊之手,产生交互作用。

先承认他言之有理,让他了解,我们并不是存心要改变他。然后晓以道理,使他觉得如果换一个角度看,也有另外一番道理。当他放松的时候,趁机让他自己改变,通常比较容易收效。

从这方面的实际表现,我们发现中国人的同理心,其内涵更加复杂。直截了当同中国人讲理,实在非常困难。我们通过一种比较曲折的过程,也就是"由情入理",以同情心来引发对方的同理心,通常更加简便而有效。

感情输入,其实是给他面子。我们很容易察觉:中国人有面子的时候,比较讲理。没有面子的时候,不是恼羞成怒,就是蛮不讲理。由情入理,给足了面子,促使对方自动讲理,成为同情他(给他面子)却不一定同意他所说的道理,但是一旦感情输入得妥当,他常常自动整理而改变他原先的主张,只要调整到合理的地步,彼此就很方便沟通。

五、推己及人,亲疏有别,如图 5-5。

图 5-5　推己及人和亲疏有别

有人喜欢说,中国人大圈圈中有小圈圈,这句话并没有错。我们是别爱的民族,对人采取差别性的爱。爱所有的人,不过有亲疏、轻重的不同。

一般的点头之交,属于认识而不熟悉的外圈,仅止于礼貌性地招呼,谈不上什么信任不信任的问题。逐渐互有交往,增进彼此的了解,成为熟悉的朋友,比较方便谈一些事情。然而交浅不言深,不可能深入到不足为外人道的题材。熟悉的朋友当中，有一些信得过的，慢慢变成好友，再进一步成为密友，这才放心商量一些私人的问题。密友经得起再三的考验，切实可以交心的，这才进入最内圈。中国人常说"要经得起考验"，事实上我们的人际关系，以自己为中心，逐渐由内向外推。最内圈的人，最值得信赖。由内而外的顺序通常是家人、亲戚、朋友，然后才是群众。

大圈圈中有小圈圈，小圈圈中有黄圈圈，这种情况，很难说好不好。如果一切为公，站在公的立场来拉开亲疏的距离，谁说不好？若是有私心，站在营私舞弊的立场来建立小圈圈，那当然很不好，没有人会喜欢。

只要公私分清楚，凡事秉公处理，人际关系的负面作用就会减低到最小。我们之所以害怕小圈圈，事实上都是朋比为奸所造成的弊害，令人不寒而栗！

亲疏有别，本身并没有什么不好，只是有私心的人，常常把它用得十分恶劣，造成很多罪恶。我们在推己及人的时候，务必立公心，一切为公，自然有利无弊！

六、自觉是家中一分子，如图 5-6。

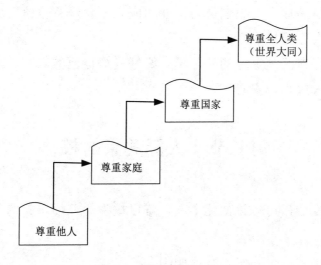

图 5-6　自觉是家中一分子

中国人具有深厚的家庭观念，家庭中各分子互依互助。这种亲密的关系，甚至延伸到活人与死人之间。有些活人凭借死人的余荫，依赖祖先的功德立足于社会。某些死人则由于在世子孙的功业而扬名,借着他们所建立的纪念事业来流芳百世。

家庭伦常观念是中华文化最美的一部分,我们要好好珍惜,加以发扬光大。一个人必须由尊重个人、尊重家庭、尊重国家循序渐进,才能够表现一致地尊重人类,为世界大同而努力。

首先,每一个人都要自觉:自己是家庭中的一分子,与家人息息相关,根本不可能分割。一家人荣辱是共同的,利害也是共同的。任何人的成败,实际上都和他的家庭教育有密切的关系,因为我们自幼受家人潜移默化的影响,往往影响到一辈子。

家人的亲密互信,使家庭成为最可靠的安全场所。一天的疲累,回到家里,可以放心地休息,安心地和家人共度夜晚。可怕的是,当伦理不被重视,家人不再互信互赖,这个社会,居然出现儿子杀父母,母亲杀子女,或者自己要自杀,还要狠心地把幼儿稚女一起带走。当家庭不能让人安心、放心的时候,我们努力奋斗的目标,究竟是什么?我们努力奋斗的成果,有没有价值?思想起来,实在令人徬徨,也令人心碎!

只有及早认定自己是家庭的一分子,好好爱护自己的家庭,家才是甜蜜的、安全的,才会令人放心、安心!

第二节 人际关系的权

人际关系的变通,可以说变化多端,难以枚举。兹以常见的六种权宜措施,分述如下。

一、大的要小看,小的要大看,如图5-7。

一般人看见职位高的"大人物",难免心中害怕,似乎自己矮了一大截。说起话来也吞吞吐吐,不敢畅所欲言。相反地,看见职位低的"小人物",又觉得自己相当伟大,因而看不起他,有时还任意责骂他,甚至羞辱他。

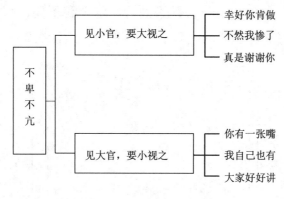

图 5-7 小看大的与大看小的

看见大官吓得半死,看见小官神气活现。这种人天生势利眼,人际关系不可能好。

我们最好采取"见大官小视之,见小官大视之"的权变措施,以资调节,力求自己表现出合理的态度。

看见大官,先自我心理建设:"你有一双眼睛、两个耳朵,我也一样有。"不卑不亢,有话照说。

遇见职位低微的人,要尊重他的职务,心想:幸好他来做,不然谁来替我服务?自然就不会轻视他、责骂他、羞辱他,以致引起争吵。

为什么我们在购买车票、划定座号、缴停车费、指挥部属时,经常火气很大,性子很急,十分不耐烦的样子?主要是我们打从心里头就轻视售票员、划位小姐、收费员以及自己的属下,认为对你不客气,你又能怎么样?结果引起争执,发生不愉快的事,这才觉得原来自己看不起人家,才吃这么大的亏。

反过来看,一旦遇见高官贵人,我们大多特别客气,好像受他的气、挨他的骂、被他指使,才是自己天大的福气。这种想法,简直看不起自己,更具有屈辱自己的倾向。真想不到为什么要这样吃尽苦头,专门作践自己。

二、重要的要争,不重要的要舍,如图 5-8。

争是必要的,舍也是必要的。只看到争,什么都要争,就会迷失目标,不知道自己争的是什么？为什么要争？只想到舍，这个我不要，那个也不要，同样会迷失做人的方向，究竟自己要的是什么？不要的又是什么？

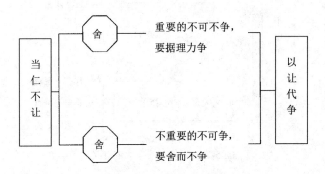

图5-8　争重要的与舍不重要的

中国人擅长"用让来争"便是兼顾"舍"与"争"的权宜措施。"用让来争"，即是"以舍代争"，站在"不争"的立场来"争"。一边"舍"一边想，该争不该争？该争才争，不该争即舍。以不争来争，才不会乱争，才可能争得恰到好处。

重要的不可不争，叫作"当仁不让"。不重要的不但不必争，根本不能争，因为"让一步海阔天空"，大家都有面子。重要和不重要怎样区分？这才是难题。各人的人生观、价值观不尽相同，重要和不重要的标准也不一致，各人自行斟酌，订立自己的原则，然后再来权宜应变。

什么都要争，给人一种恶劣的印象。大家提高警觉，甚至于联合起来，一点机会都不给。太会争、太喜欢争的人，经常什么都争不到，造成自己的形象太狠，促使大家老早就暗地里把路都封死了。

什么都不要，样样都要舍给别人，给人一种消极、不愿意尽责任的不良印象，甚至于被视为怕死、逃避，好像请也请不动似的，大家也不愿意征求他的意向。

把"争"和"不争"合在一起，不要分开来想，应该是良好的思虑模式。该争才争，不该争何必争？争到好像没有争一样，即为用让来争，以不争来争！

三、实者虚之，虚者实之，如图5-9。

知己知彼才能立于不败之地，这是千古不变的道理。但是，要求不败，除了自己知己之外，让好人知己，不让坏人知己，对自己比较有保障。然而，好人坏人很难分得清楚，所以不得不制造若干假象，来掩蔽自己的实情。中国人普遍有一种修养，就是让自己的眼睛收敛一些，不流露出真正的感情。

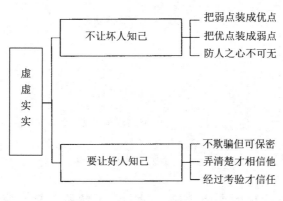

图 5-9　虚者实之而实者虚之

戴上面具会拉开人与人之间的距离，完全没有面具等于赤裸裸地站在众人的面前，反而容易被有心人欺诈或利用，我们必须兼顾，有时把弱点装成优点，有时却把优点装成弱点，因为防人之心不可无，在没有弄清楚对方之前，以及弄清楚对方根本不怀好意之后，必须谨慎地保全自己。否则一直诚恳待人，反而为人所害，势必使自己从此对诚恳失去信心，结果变成一个奸诈阴险的人，岂非害了自己？

中国人做人做事的最高指导原则，说起来十分简易，就是我们常用的"遮遮掩掩"。明明天天都在练习打乒乓，当人家邀我们上场一露身手之后，却毫无欺骗的感觉，一下子就能够回答："好久没有打了！"

喜欢的东西，假装不喜欢；想要的东西，先让给别人；要来说不来，说不来却来了……中国人在虚虚实实之间，有很多变化。有些人看错了，说中国人骗来骗去。实际上中国人多数重视诚信，不过亏吃多了，自然懂得遮遮掩掩的好处。不骗人，只是暂时蒙一下，瞒一时，一方面明哲保身，一方面静观其变。出发点是保护自己，而不是欺骗别人，所以也不算是什么善意的欺骗，因而丝毫没有欺骗的感觉。

四、请将不成，何妨激将，如图5-10。

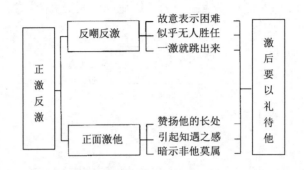

图5-10 请将不成何妨激将

人与人相处，用诚恳的态度来感动对方，固然是不易的原则。但是实际应用起来，往往并不是单一方式就能够奏效的。所谓恩威并济、刚柔并用，便是将正反两种方式，相辅相成，运用得恰到好处。

若干自负的人，我们愈是诚意请求，他就愈加得意，不是托故拒绝，便是推三阻四，此时运用反激的方法，反而更为有效。激将的要领，在一切为他着想，例如担心他受害、恐怕他不能胜任、唯恐他受人摆布，想激起他的自尊心，非要表现一下不可，自然就把他激出来了。

对于老于世故的人，反激若是没有把握，可以先把他捧得高高的，再暗示他此事非同小可，而且非他莫属，让他由知遇而自告奋勇。这种正面激他的方法，使他很难推诿。对于有能力而退缩一旁的人，具有激发的作用。

自古以来，我们就看到很多激将的案例。请了老半天，请不动。一激就激出来了，岂非更为有效？

刘备和曹操对抗，曹操亲率四十万大军往汉中来。刘备集合众将，问谁愿意去取定军山。黄忠立即出列愿往，但是诸葛亮急忙阻止："不可不可！老将军虽勇，但定军山守将夏侯渊乃魏之名将。此战关系重大，将军勇气可嘉，只可惜年近七旬，不去为好！"黄忠经不起这样一激，执意要去。诸葛亮才派法正为监军，与黄忠同往，结果斩夏侯渊，夺定军山，产生很大的激将作用。

激将之后，务必以礼相待。否则，前功尽弃。

五、当断即断，能拖便拖，如图5-11。

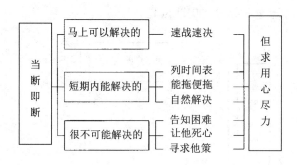

图5-11 当断即断而能拖要拖

问题可概略分为三种：一是可以马上解决的；二为等待一段时间即能解决的；三是看得见的时段内很不可能解决的。

可以马上解决的问题，要当断则断，速战速决。因为一旦拖延，大家就会抱怨，甚至强施压力。到时再来解决，大家的信心就会大幅度减低，认为主事者缺乏诚意。

等待一段时间即能解决问题，如果只急于一时，反而产生很多不必要的困扰，岂非得不偿失？所以拖一拖、等一等，时机成熟，一切自然顺利解决。事先订出时间表，说明拖延的好处，大家便能接受。

在看得见的时段内无法解决的问题，千万不可以打马虎，口头答应却毫无行动。必须坦诚说明困难，让大家趁早死掉这条心，以便另外设法，从其他途径着手，大家才会心服。

不要把"当机立断"和"能拖便拖"分开来看，二选一的结果，不是失之匆促，便是坐失良机。

把"当机立断"和"能拖便拖"合起来想，有时间，最好"能拖便拖"，以容纳更多的变量，至少多考虑一些事项，更为安全；时间已经逼迫，非做决定不可，当然要"当机立断"，立刻做出合理的因应。

同样，把"解决"和"不解决"合在一起想。能解决的为什么不解决？不急于解决的为什么要急着解决？目前无法解决的，又有什么办法马上解决？想来想去，还是可解决的赶快解决，不能解决的只好多想想办法。

六、亲近君子，疏远小人，如图5-12。

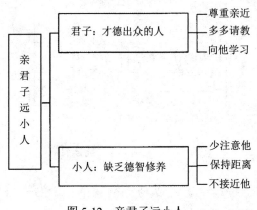

图5-12　亲君子远小人

君子指才德出众的人，小人乃缺乏德智修养的人。亲近才德出众的人，耳濡目染，对自己的成长有良好的影响。至于缺乏德智修养的人，除非自己确实有能力、有把握可以改造他，否则远离为上策。

原来不认识的人，想和我们交朋友，一定会打听一下我们所交的朋友究竟怎么样。亲近君子可以结交更多的君子，接近小人势必引来更多的小人。

与才德出众的人相聚，出坏主意与做不良举动的概率比较低，对自己有更大的安全保障。与小人为伍，坏点子不断出现，起初也许警惕自己，处处躲过，但是久而久之，恐怕就控制不住。

如何分辨君子或小人？首先，听听他的观点；其次，看看他的朋友，最好了解一下他业余做些什么，读哪一类书。

世间的难处甚多，其中之一，便是君子和小人从外表和行为上几乎分辨不出来。君子和小人的差异，可以说在看不见的动机上面。动机纯正，一切公正无私，自然成为正大光明的君子；动机私而不正，结果自然歪斜，成为众人厌恶的小人。

君子与小人，往往需要一段时间之后才能明辨出来，所以人是旧的好，因为考验了一段期间，应该比较了解。

职位愈高，愈是小人喜欢接近的对象。偏偏职位愈高，愈容易为小人所蒙蔽。因为小人集中注意力在高官贵人身上，却不在乎其他人的观感。亲君子、远小人，对高官贵人而言，实在相当困难。

第三节　经权配合称为持经达变

人际关系的经，是我们必须坚持的共识。人际关系的权，则是随时随地可以权宜应变的措施。

经和权配合，称为有原则地应变。若是彼此不能配合，那就是变得离谱，称为离经叛道。

先以自己和自己的关系说起，我们最好能够接受自己。我们很容易了解，只有接受自己的人，才能使自己的身心得到充分的发展，因而获得和谐的人际关系。每当面对着镜子的时候，察觉一下，自己对镜中人究竟是爱？是恨？如图5-13。

憎恶自己的人，必然也憎恶别人。不能接纳自己的人，在情绪上常常显得很不稳定，不是有意表现优越，便是相当自卑。这种内心的摩擦，使得不能接受自己的人，不但不能接纳自己的种种表现，同样也会憎恶他人。

我们往往认为人际关系是自己与别人的关系，其实人际关系的基础，乃是自己和自己的关系。自己和自己相处不好，很难好好与他人相处。

如果发现自己的人际关系并不良好，不妨反省一下，自己和自己的关系如何？先调整自我关系，然后改善人际关系，才是有效的途径。

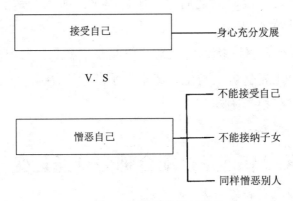

图 5-13 最好能接受自己

人具有相当程度的自主性，这是人类和其他动物最主要的差异：人类能自主，其他动物不能。

既然能够自主，一切由自己决定，当然要由自己承担所有的责任。换句话说，一切的言行，事实上都要先通过"自己"这一关。自己认可的，才说得出来；自己认同的，才做得出来。所有接触的对象，也由自己来决定，要建立什么样的关系。人，最先也最多接触的，应该就是自己。所以，能不能接受自己？喜欢接纳自己哪些部分？不喜欢自己的地方又有哪些？应该是人际关系的基础，必须认识自我，才能与他人互动。

但是，人不可以盲目地爱自己。毫不了解就完全接纳自己，有时会成为可怕的自恋狂。自恋狂最大的特征在：完全以自我为中心。这种人不但不能欣赏别人的优点，而且从来不怀疑自己很可能具有某些缺点，以致自认为十分可爱。

我们最好冷静下来，客观地自我反省，自己究竟有哪些优点，又有哪些缺点。发现自己的缺点，只要实实在在努力去改善，不必过分憎恶，以致嫌恶自己，造成自我否定，反而容易成为坏人。

善于利用自己的缺点，就能够把它变成优点。有始有终地克服自己的缺点，势必在过程中充满了血泪。接受自己有某些缺点，尽量不要让它发展，进而转变为自己的优点，才是最好的办法。

人都不是完人，有缺点是十分自然的现象。人不必要尽快变成完人，完人表示把人做完了，准备要回去，何必那么急？一步一步，把自己做成完人，这样就好了。对于自己的缺点，固然不可忽视，却也不必紧张。因为紧张无济于事，并不能解决问题。

把缺点变成优点，听起来有一些奇怪，怎么会这样？其实任何言行，配合时空的变迁，调整到合理的地步，便是优点。离开时空，本来就没有什么优劣可言。

家庭方面，我们讲求父子有亲。事亲要顺之外，兄弟还要讲究长幼有序，一家人才能和谐互助。弟妹要敬爱兄姐，兄姐要关心照顾弟妹，同心同德，家庭才能祥和。兄友弟恭，家庭中有秩序，不争不乱，即为家庭教育的成就。孝顺和友爱，必须兼顾并重。

家人扩大成为家族，这股力量很大。亲戚之间如果不能信任，不肯合作，如何令外人心服？所以家族之间多交往，大家合理自制，以礼相待，那就不难互助互惠了。家和万事成，家人和睦互助十分重要。

有了这些基本的认识，再来因人、因事、因时、因地而制宜，便是经与权的配合，称为持经达权，或者叫作持经达变，都是有原则地以不变应万变。

✎ 我们的建议

一、知识分子如果学得一些知识，往往自命不凡，对于这些人与人相处的道理痛加斥责，认为不够现代化。若是知识增加一些，就会走回头路。不但不接受这些批评，反而体会这样相处才是颠扑不破的道理，因而死心塌地力行。我们听了很多反对的声音，也看过许多破坏的举动，仍旧提出这些原则，建议大家多多实践，早日改善人际关系。中国人的道理没有一样是错误的，不幸的是，我们看错了、做错了，却反过来愚笨地责怪我们的道理。

二、中国人十分喜欢正直的人，非常讨厌邪恶的人。但是，长久以来，对于正直的意义和标准，有了很大的偏差。加上中国人习惯于"持经达权"，以致自己看自己，很正直；放眼看别人，却很邪恶。这种错误的现象必须彻底加以改正，以免愈来愈误解，造成人际关系的障碍。

三、直是有进有退、知进知退的。外宽内直，才是外圆内方的圆通。有道则现，无道则隐，才能安宁中求进步。现代人思虑的层次往往不够深入，以致对直的看法十分粗浅。最好正本清源，仔细用心想一想，早日认清原来的真谛。

📖 自我评量项目

1. 什么叫作经？为什么要找出自己的经？

2. 什么叫作权？为什么需要权变？

3. 什么叫作持经达变？

4. 为什么要持经达变？

5. 您对人际关系的六经有什么感想？

6. 您对人际关系的权变原则有什么感想？

7. 您认为变得离谱的情况为何？请举例说明。

8. 您在人际关系上，有哪些经？

9. 您在人际关系上，如何达变？

10. 您在人际关系上，如何持经达变？

第六章　人际关系的开展

由亲及疏,是人际关系开展的顺序。
推己及人,则是开展人际关系的最好法则。

自己与自己的关系,是人际关系的起点。
能和自己好好相处,人际关系才可能良好。

一家人要在家庭生活当中,培养"我们"的感觉。
因为血浓于水,再怎么说,一家人毕竟是一家人。

朋友并不代表两个月,而是两块肉。
当然不是两块香肉,多半是两块臭肉。

人是群居的动物,无法脱离群众。
互相尊重、彼此关怀,是基本的修养。

从自己到群众,当中有家人和朋友,
一层一层向外开展,务求扩大人际关系。

第六章　人际关系的开展

📖 学习目标

详读本章，学习者应能达到下列目标：

1. 了解人际关系的开展顺序，并能在日常生活中加以体会。

2. 明白自我平衡表的完成过程，并能确实做好自我平衡的检视。

3. 掌握自我提升的三个步骤，并能在实际生活中不断求进步。

4. 明了自己与家庭的关系，并能在自己家中改善人际关系。

5. 知道孝顺父母和友爱兄弟是一体两面的道理，并能在日常生活中用心实践。

6. 分辨同事和朋友的差异，并能在日常生活中多加观察体会与认知。

第一节　自己和自己的关系

前面已经说过，只有能够接受自己的人，才能使自己的身心得到充分的发展，以期获得和谐的人际关系。

但是，人必须认识自己，才能与他人产生良性的互动。

怎样了解自己呢？我们最好冷静下来，客观地审查一下，自己究竟有哪些优点，又有哪些缺点？刚开始的时候，会很简略地应付过去，得不到真正的答案。因为我们总认为已经很了解自己，用不着花费太多时间，便可以完成知己的工作。

我们可以拿一张纸，画出自我平衡表的格式，如图 6-1。然后点燃一炷香，告诉自己至少要花费一炷香的时间来反省，绝对不容许马虎了事。当然，用计时的钟表来控制时间也可以。

这样，一次又一次地要求自己，深一层地检讨自己的优缺点，并且逐一记载下来。一炷香烧完了，看看成果如何？不满意的话，再做一次。

点燃一炷清香，和宗教信仰没有什么关系。用香燃烧的过程，来作为计时的方式，也算是对自己的一种尊重，不把自己当作物看待。

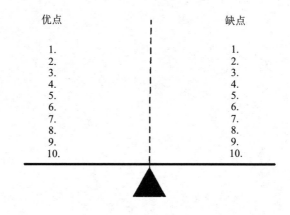

图 6-1　自我平衡表

一炷香不够，再燃一炷。给自己一些鼓励，证明自己确实具有诚意，想要更为深入地了解自己。

优点、缺点未必一定平衡，一边多一边少，是常见的现象。但是，尽量求其平衡，优点多，再想一些缺点；缺点多，不太好看，也想出一些优点来。这样一来一往，比较容易想得齐全，也想得深切。写得愈清楚、正确，对自己的评量，愈有助益。

自己评估自己所得到的答案究竟正确与否，实在没有十分具体的测量标准。有些人很容易宽容自己，优点列举得多，缺点写得很少。有些人则刚好相反，简直不能原谅自己。

我们最好请两三位自己信得过，而又对自己有相当了解的尊长、同事、家人或朋友，诚恳地要求他们，客观却不必客气地将自己的优缺点，依实列举出来。如图 6-2。

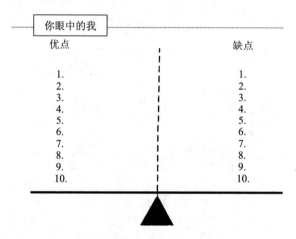

图 6-2　看看别人的意见

选择的对象很重要，必须平日常接近，有足够的机会了解，并且为人公正，肯据实相告的，才有效果。

同时，自己也借着这个机会想象一下，可能的答案是什么？换句话说，评估一下自己在这几位亲友的心目中，具有何等的形象？如果结果相当接近，表示自己有些自知之明；若是相去甚远，也可以趁机寻找究竟原因何在？

实际上，要请到这样的人士，不是不可能，而是相当困难。一般人大多不愿意当面指出对方的缺点，以免引起反感，对自己反而不利。

就算勉强答应，也多半多说优点而尽量少提缺点。这时候只有尽量表示诚恳，多问几次，把对方的真实想法引出来，才能见效。

最好的态度，是提及缺点时，必须喜喜欢欢地接受，既不可以找理由辩解，也不能够面露愠色，一副受误解的样子。闻过则喜，原本相当困难。如果做不到，这一张平衡表就不可能具有真实的代表性。

多尝试几次，应该比较容易接近事实。

别人对自己的意见，加上自己对自己的评估，综合起来，便构成心理学家鲁夫特（Joseph Luft）与英格汉（Harry Ingham）所提出的乔哈里窗（Johari Window），如图6-3。

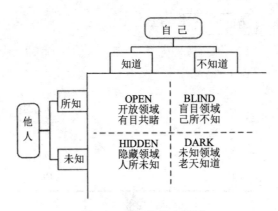

图6-3　自己的四大领域

第一扇窗是开放领域，把自己和他人同时了解的优缺点都列举出来。我自己认定如此，别人也持有同样的看法，有目共睹，人知我亦知，开放得无所隐瞒。

第二扇窗是未曾留意的盲目领域，别人看出的优缺点，自己竟然有所不知。包括自己不自觉的怪癖和习惯，往往不经他人指点，自己并不清楚。

第三扇窗是我自己清楚而别人尚未觉察的隐藏领域，属于人所不知的部分，如有缺点，正好可以赶快改善。

第四扇窗是自己和他人都不清楚的未知领域，反正只有老天知道，暂时可以不必管它。

把这四扇窗都填写清楚，便可以逐一加以审查。人知我也知的开放领域，可以当作填写得正确与否的评估标准。完全没有和过分集中，基本上不很确实，最好重新来过，再找原来的人，好好讨论一番。

未知领域，暂时让它空白，目的只在提醒自己，还有许多不了解的地方。人所未知的隐藏领域，好的要多多发扬，不良的应该尽快改善，不必张扬。己所不知的部分，最需要小心处理，为什么人家都觉得如此，而自己竟然浑然无知。

四个领域各有作用，都需要好好填列，并且逐一考察，力求符合实情。

了解自己的目的，在改变自己，也就是自我提升。

但是，人绝对不可能完全自动改变。事实上，很多人的态度和他的童年相同，形成人格的一致性。

当然，我们可以经由追溯的过程，了解自己最初的生活形态，寻找出自己的创痛。对自己的某些行为有所顿悟，就能够彻底改变原有的行为。

我们也可以运用自我创造的原则，从实践中逐渐改变自己。自我创造原则指出：我们每做一次，就会增强做这个行为背后的意念和动机。

换句话说，我们把任何信念或感觉真正付诸行动之后，我们才会更加相信，或者加深感觉。

养成良好习惯，是逐渐发扬自己的优点，改善自己缺点的有效途径。每一个人都是自由的，要养成哪些良好习惯，应该由自己来选择、来决定。

我们常说三岁看大，六岁看老，并不是说一切习惯，在三岁至六岁之间，就完全固定下来，无法加以改变。我们只是提醒大家，小时候必须养成良好习惯，否则很不容易加以改变。从小到老，一直都这样，实在很难改变。但是，很难改变并不表示完全不能改变。我们所要做的，是排除万难，一定要合理地加以改变。

用新的好习惯来取代原有的不良习惯，应该是一种比较有效的方式。不是禁绝、制止，而是调整、改变。先了解，再求适应，然后才来改变，一步一步向前推进，当然有效，如图6-4所示。

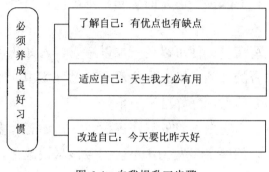

图6-4 自我提升三步骤

第二节 自己和家人的关系

中国家庭重视父子、夫妇、兄弟姐妹三方面的人伦关系，如图6-5。认为一家人就是一家人，必须遵守家庭伦理，确实做到父义、母慈、兄友、弟恭、子孝，而且夫唱妇随，互助合作。

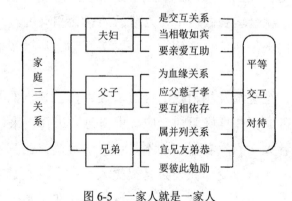

图6-5 一家人就是一家人

这三方面的关系都是平等的对待，一切居于交互而不是片面的。主要原则在于"互以对方为重"。换句话说：我们特别重视个人对家庭的责任，希望在家庭中实现个人,而不是为了实现个人而忽略甚至伤害家庭。

某些老板强调"传贤不传子",便是公开宣称自己的子弟不贤,这种只顾自己却伤害家人的做法,并不值得鼓励。可以实在传贤,却不应该公然传播,否则作为自己的子弟作何感想?如果说,让大家都有机会来尽一些责任,岂非更为周到?家人彼此伤害,外人还敢信任他的言辞吗?有些事"可以做,不能说",正是此理。

同样传贤,以自己的子女为优先,这才合乎中国人亲疏有别的伦理。自己的子女真的不贤,这时候再考虑传给不是亲属的贤人,对自己的家人才有交代。

血浓于水,并不表示不分是非,不论贤愚,不管好坏,一定非自己的亲人不可。但是血毕竟浓于水,同等贤能,当然以自己亲人为优先,谁也没有话讲。

尊重家人其实是尊重自己的具体表现,一个人若是不尊重家人,我们怎么敢相信他对我们的尊重是真心的?对自己的家人都不尊重,怎么可能无缘无故地尊重其他的人?这种人给大家的印象,必然是:小心为妙。

一家人之中,人人抢着当好人。任何事情,把过失推给别人,就会吵闹争执,大家过得很不愉快。如果人人争着做坏人,把过失挑起来,将责任担起来,大家就会心平气和地检讨、改正,充满着互助合作的和谐气氛。如图6-6。

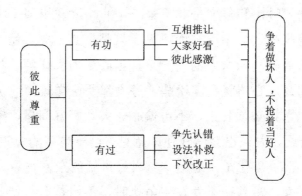

图6-6 争做坏人不抢着当好人

家人利害相关,一味查核谁对谁错,并没有实际的益处。个人没有错,家人出了差错,必定受到牵连。自己犯过,全家人都受罪,这才是我们应该深切体会和认知的事实。

有差错当然需要检讨，目的在于补救而不是单纯的责罚。各自承认错误，比较容易水落石出；互相争功诿过，往往造成混淆。所以争着做坏人比抢着当好人更能够查明真相，并且同心协力，设法补救。因为没有互相指责的场面，大家比较不会意气用事，也比较有面子来提出建设性的意见，对争取时效而言，十分有利。

　　出差错的时候，父母率先承认自己的疏失，子女比较敢坦然承认自己的缺失。但是，一般的情况，刚好相反。父母一下子把责任推给子女，子女生怕承担不起这么重大的责任，以致逃避、找借口，甚至于离家出走。

　　过失是抢出来的，不是推出来的。抢来抢去，过失就自然水落石出，十分清楚。若是推来推去，谁也不敢承认，谁也不愿意说实话，常常推给那些不善辩解、不敢推诿的冤枉人，有什么好处？

　　争做坏人，真正的坏人才会现形。抢当好人，结果谁也当不成好人。

　　家人和谐相处，相亲相爱，这是大是。彼此明争暗斗，互相伤害，即为大非。大是大非之下，当然还可能产生许多是非，都要视为小是非而彼此体谅，互相劝勉。因为大是非比小是非更重要。千万不要为了小是非而争执不休，结果害了大是非。争千秋不争一时，和争大是非不争小是非，道理相同。

　　小是非不可等闲视之，不可视而不见。只是不必小题大做，弄得伤害家人的感情。应该在一家人就是一家人的情分下，尽心尽力去化解。如果心里明白：血缘是割不断的，那么，心情就会宽松些。旁人都要这样救，何况自家人？

　　最重要的是，家长必须公正，不可偏心。大家好好商量，家人总比外人更容易谅解。家长若公正，大家也会信任他的意见，给予更多的尊重，而且心无不平，自然易于大事化小，小事化了，显示一家人好讲话的亲密气氛。

　　中国人教导子女，常常在子女发生争执时，不问是非，便一起罚站。主要是兄弟姐妹不能吵架，这是大是非，兄弟姐妹为什么吵架，只不过是小是非。大是非比较优先处置，所以一声令下，先把吵架的子女一起罚站，告诫他们以后不可以吵架，否则必须共同受罚。

　　大是非解决之后，再来分小是非。一起罚站之后，再分别询问兄弟为什么吵架？这时候被罚站得精疲力竭，情绪不再高昂，自然一切好谈，大事化小，小事化了。兄弟吵架一下子就明辨是非，看起来好像很有判断力，却很容易造成兄弟之间，有是非而伤了和气，实在不必如此。如图6-7。

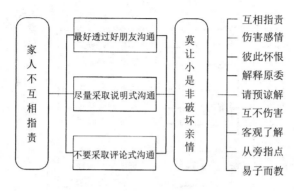

图6-7　大是非比小是非更要紧

我国家庭首重父子关系，孝敬父母是天经地义的事。虽然西风东渐，孝道逐渐不为社会所重视，但大多数的中国人仍以孝敬父母为天职，这真是可贵的现象。

事情要顺，愈顺从愈有孝。但是，并不是百依百顺，毫无界限。父母有不了解法律规定的，必须耐心加以说明，使其明白而自动改变主意，这也是一种孝敬的表现。

父兄的责任，在于教养子弟。为了亲情的长久维持，尽量不责骂。兄弟之间，彼此年龄相若，更不必互相指责，以免积久成仇。兄弟友爱，多彼此勉励，才得其宜。

父母在子女幼小时，要注意培养良好习惯，以免长大后责骂子女有害亲恩。兄弟是否友爱，幼童时期的家教十分重要，若长大了才加以要求，恐怕已经来不及了。孝顺且友爱兄弟的人，才能享受天伦之乐。

当社会风气日趋败坏，一切向钱看之后，家庭的财富，成为可怕的祸根。

子女为求早日继承家产，可能谋杀双亲。弟弟为了财产，也可能雇用枪手暗杀兄长。多少兄弟姐妹，居于遗产分配不均而翻脸无情；多少家人，为了钱财而对簿公堂。愈富有的家庭，必须更加注重子女的教养，以免观念偏差，造成不幸的灾祸。

孝顺父母和友爱兄弟应该是一体两面，若是只做到其中之一，很可能是伪装的、暂时的。如果两面都能够兼顾，那就比较可能是真的，如图6-8。

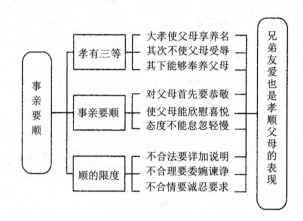

图6-8　孝顺父母和友爱兄弟是一体两面

亲戚是家人的扩大，由于血缘的关系，按理应该十分亲近和谐。不过，如果平日很少交往，以致见面时也不认识，那就有名无实，有如陌生人了。

除了年节团聚之外，亲人之间要多寻找一些相关事宜，互相商量，彼此协助，才能增进亲戚的感情。

但是，交往的时候，大家都应该自制，尽量使其合理。特别是亲人容易启口，更要在开口提出要求之前，先自行审慎斟酌，会不会让对方为难？或者采用试探方式，先了解情况，再开口要求。同时，有能力的时候，也应该自动照顾亲人，不可得意忘形，反而轻视亲人，导致无谓的误会，滋生不必要的埋怨，如图6-9。

大家都必须互相尊重，并且率先为对方着想。有对不起的地方，最好当面道歉，才能维护亲人的互亲互爱。

往昔安土重迁，一家人大多居住在附近，往来并不困难。现代居于就业、求学的需要，常常搬迁，甚至居无定所，这时候必须主动和亲友联系，以免日久失去联络，愈来愈缺乏共同的话题。就算见面，也没有什么话讲。

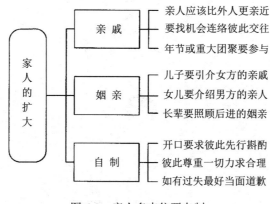

图 6-9　亲人多来往要自制

亲戚之间,最忌讳比来比去,比得大家气得要死。亲友的可贵,在于合理地互相关心,彼此帮忙,而不是夸耀自己的成就,或者存心把别人比下去。

个人的成就,无非是家人亲友善意成全的结果,感谢都来不及,有什么要炫耀的?多关怀、多协助,才是亲人的样子。

第三节　自己和朋友的关系

家人就是家人,不是朋友。有些人主张父母子女应该像朋友那样,我们并不赞成。血毕竟浓于水,家人当然不同于朋友。父母生我,朋友断然不能生我,这才是事实。

不过,除家人以外,尽量扩大朋友的范围,把邻居、同事、同业、同乡、同宗、同年等,甚至于比较疏远的亲戚,也看成朋友,应该是相当合时代潮流的做法。如图 6-10。

朋友有亲疏,这是无可奈何的事情。由疏而亲,有赖于双方共同的努力。一方面推己及人,一方面设身处地设想。经过一番交往,增进彼此的认识,逐渐信赖而日趋亲密。

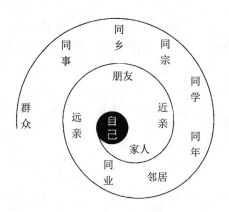

图 6-10 扩大朋友的范围

最主要的是,朋友之间固然免不了利害关系,却应该尽量减轻它的分量。由道义的途径,比从利害上着眼,可以结交更为可贵的朋友。利害可以测量交情,道义才能获得知己的朋友。

亲疏有别不过是共通的法则,至于谁亲谁疏,显然因当事人的主观选择,而有所不同。有些人认为远亲不如近邻,把附近的邻居拉得比远方的亲戚要近。有些人则因为和左邻右舍靠得太近了,以致时常发生摩擦,反而和远方的亲戚,常常电话问好而十分投缘。

现代社会,事实上不必像过去那样,区分得那样细密。大致上分成家人、亲戚、朋友、一般人,分别表现出合理的态度,应该就可以有所区别了。

主要的是,最好尽量扩大朋友的范围,把同事、同学、同乡、同业、同好,都变成朋友,不必怕多。

亲戚比邻居更为密切而可靠,原本是理所当然的事。但是,疏远的亲戚,平日很少往来,甚至见面互不认识,那就不如左邻右舍那么熟悉,容易互相帮忙了。

邻居要处得融洽,必须认清守望相助对大家的好处。大家具有彼此相扶助的信念,并且率先由自己做起。后搬进来的人家,要逐家拜访先住进社区的左邻右舍。旧有人家也可以举办迎新会,欢迎新来的住户。要真诚地希望结识对方,才有实质上的意义。否则就算天天碰面,还是谈不上认识。如图6-11。

第六章 人际关系的开展

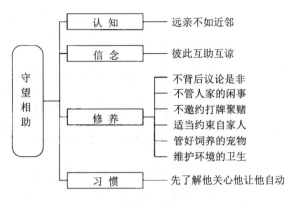

图 6-11 远亲不如近邻

社区应该建立良好风气，诸如不要背后议论是非、不必管人家的闲事、不可邀约邻居打牌聚赌、适当约束自己的家人、管好自家饲养的宠物、自己当心火烛、自己控制发出的噪声、自己维护自家的环境卫生等，都是维护社区安宁、促进邻居互助的必要修养。

凡是要求别人，希望别人做到的事情，最好都先回过头来，反求诸己，也就是率先要求自己，必须先要做出来，让人家觉得我们以身作则，乐于模仿、跟进，才能蔚成风气，大家一起来响应。

邻里相处，最好具有远亲不如近邻的认知，知道社区的安宁，必须大家协同一致，才能如愿。有人修养得不好，迟早会成为社区的乱源，但是大家都有法定的自由，只要不违法，好像谁也拿谁没有办法。这时候只好互助互谅，多协助他、多关心他，来让他自己改变。除此之外，实在别无良策。

上司也是朋友，只是应该尊重他的职位与职权。表现的态度与通常所说的"听话"，"做乖乖牌"刚好相反，而是令人惊讶的"不盲从"，如图 6-12 所示。

"不盲从"绝对不是"不必服从"或"不要顺从"，却是"合理的服从"与顺从得恰到好处"。换句话说，要先站在不盲从的立场来顺，才不致乱顺或盲目顺从。才会顺得恰到好处，合乎中庸之道所要求的合理化。

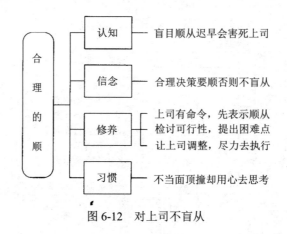

图 6-12 对上司不盲从

盲目顺从上司，万一上司所做的决定是错误的，势必把他害死。上司的决策合理，当然要顺从；如果不合理，不可以盲目顺从，这才是不盲从的主要精神。

觉得上司的决策不合理，部属也不可以当面顶撞。应该先接受，表示顺从，然后检讨一下，问题在哪里，再把问题提出来，向上司请示。让上司自己了解不合理的地方，而自行调整。

不要企图改变上司，使得上司觉得没有面子，吃亏的还是部属。要想办法让上司自己改变，使他觉得有面子，也知道改变的结果比较良好，就会心生感谢。

上司固然是朋友，却应该礼让他三分。让他觉得我们心目当中，有他的存在。上司的话永远是对的，千万不要当面顶撞，令他难堪。但是不可以盲目地按照上司的指示去执行，以免决策不当时，连累了上司。

有意见私底下反映，单独和上司相处时，委婉地说明。在他人面前，一副完全服从的样子，上司才有面子。设法让上司觉得有面子，比较容易自行改变，对我们十分有利。

对待部属，如果能够把他们当成朋友，甚至是帮助自己做事的好朋友，相信可以更加获得部属的信心与支持。

西方人比较偏向"工作导向"，认为"工作时间就应该专心一意地工作"，于是工作时间内难免存在工作压力，使大家逐渐厌恶工作，产生工作倦怠感。

中国人最好采取"关怀导向",如图 6-13。不必强调专心,因为我们自动养成"一心多用"的习惯,同时可以兼顾若干事情。部属受到上司的关心,工作显得没有压力,似乎是自己要做的,因而比较有兴趣。一乐之下,倦怠感也不见了。

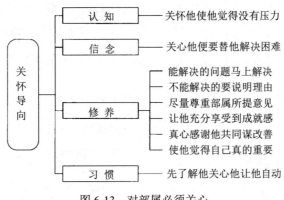

图 6-13 对部属必须关心

关心他,主要在"为他解决一些困难",并且"尊重他的意见",让他"充分享受工作成就感",最后说声"辛苦啦",使他"觉得自己真的很重要"。关心部属,部属才会体谅上司,比较愿意接受上司的领导,切实做到合理的顺从。

一般来说,中国人天不怕,地不怕,就怕人家关心他。一关心,很容易把他的心打开来,他就连人带心,交给我们,和我们十分配合,显得相当可爱。

威武不能屈,意思是中国人大多吃软不吃硬。硬性规定我们如何如何,往往得不到效果。关心我们,让我们自己觉得不好意思,反而更加努力,做得更好。

当然,有意如此,也就是等于硬性规定"我关心你,你一定要报答我",同样收不到效果。上司对部属关心,纯粹是自发的,真诚的,并没有附带条件,部属才会感动,自动认真把工作做好。

同事之间,常常为着某些小事争执不休,甚至明争暗斗。主要原因即在:不把同事当作朋友看待。

其实,山不转人转,今天大家不欢而散,将来也可能又碰在一起,那时不是冤家不聚首,岂不是彼此都难过?若是换一种心情,把同事看成朋友,马上觉得亲切得多。

同事要互惠互助，必须从自己做起，让大家明白"与我打交道，绝对不会吃亏"，建立自己的信用，使同事放心协助我。帮忙过后，记得及时言谢。哪怕是一通电话、几句感谢的话，也会使他下定决心，下次更加热心帮忙。如果有奖金，需酌予分享；有荣誉更应该让他共享。这一切行动，都要自己来实践。人人争着走出第一步，整个风气就会改变，由明争暗斗、彼此怀恨变成互助合作、互相感谢。坚持"我助人，人才会助我"的信念，比较容易成功。如图6-14。

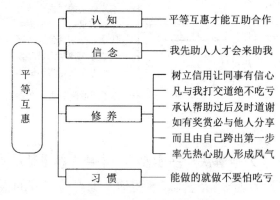

图 6-14　对同事要平等互惠

有些同事，抱持"你我只有公谊，不需要私交"，凡事公事公办，而且不涉及私人事务。这种人只是同事，不是朋友。

有些同事并非如此，他们除了公谊之外，还会找机会建立一些私人的感情，互相关心彼此的私人事务。这种人比较容易在同事之外，变成朋友。

抱着交朋友的心情和同事打交道，其实对双方都有好处。因为朋友无议论，同事很计较。同事之间难免有业务上的竞争，形成本位主义，互相排挤。一旦变成朋友，彼此"臭味相投"，比较容易将心比心，互相帮忙。同事是短暂的，朋友才是永久的，把同事变成朋友，大家才会长久相处。

至于自己和群众的关系，我们将在第七章人际关系的艺术中，列为人际关系的基本态度，来加以探讨。

✎ 我们的建议

一、现代人愈来愈不在乎成名或成功，大多数人只盼望过自己认为有兴趣的日子。这种念头，无所谓对或错。只是倒果为因，以致造成因果冲突的想法。成名或成功，是兴趣所产生的结果，对自己的努力有兴趣才是真正的原因。没有兴趣或不能奋斗不懈的人，根本无法获得大成功。盼望过有兴趣的日子，往往成名获利而成功。一心一意追求名利，反而很不容易成功。

二、想要过有兴趣的日子，必须先对自己有兴趣，同时也对别人有兴趣，亦即人际关系良好，才能够如愿以偿。所以了解自己，接纳自己，再进一步改造自己，使自己对自己有兴趣，有信心，乃是人际关系的第一步。有些人过分心急，一下子就要改变自己，造成很大的阻碍和伤害，实在没有必要。

三、先把自己和自己的关系调整好，自己乐于接受自己，也能够不断地反躬自省，持续求改善。进而和家人保持良好关系，再进而和朋友、群众产生良性互动。扩大人际关系的范围，对提升自己和过有兴趣的日子，都很有助益。

📖 自我评量项目

1. 为什么人际关系讲求由亲而疏,难道不能够一视同仁吗?

2. 自己和自己的关系,为什么是人际关系的起点?

3. 什么叫作自我平衡表?有什么功能?

4. 怎样完成自我平衡表?

5. 乔哈里的四扇窗,有什么主要的用意?

6. 为什么要改造自己?

7. 家庭有哪三种主要的关系?各有哪些要则?

8. 为什么兄弟友爱,也是孝顺父母的表现?

9. 朋友的主要意义为何?为什么要把同事看成朋友?

10. 对上司为什么要合理的顺从?

第七章　人际关系的艺术

正直的人，同样需要人际技巧来适当包装。
外圆还要内方，产生真正圆通的和谐人际关系。

自己热心足以激起别人的热心，自信才能信人。
合理考虑别人的立场，别人就会乐意和我们交往。

从别人得意的事情说起，赞美也要有一些根据。
不得不批评的时候，尽量采用轻松、幽默的方式。

引起别人的猜疑和嫉忌，对自己必然十分不利。
目前就算相当得意，万一有一天失意，如何自处？

最好活用期待别人的力量，获得大家热心的协助。
相信只要真诚相待，别人也会以诚实态度来回报。

人际关系不只是科学，还需要相当的艺术修养。
因为人有情绪，并非纯理性，重视心与心的感应。

学习目标

详读本章，学习者应能达到下列目标：

1. 了解人际技巧的重要性，并能在日常生活中多加观察和体会。

2. 明白基本态度的真正用意，并能在实际运用中求改善。

3. 知道和谐的真义，并能在日常生活中增进和谐。

4. 明辨和谐与和稀泥的差异，并能在日常生活中用心体验。

5. 把圆滑和圆通再次分辨清楚，并能力求自己圆通而不圆滑。

6. 掌握诚恳的要领，并能在日常生活中养成诚恳待人、用心做事的良好习惯。

第一节　基本的态度

人际关系的基本态度，我们归纳为下述六个主要项目，分别说明如下。

一、对人要有礼貌，如图 7-1。

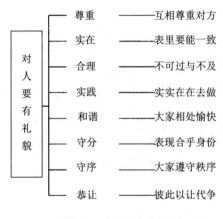

图 7-1　对人要有礼貌

礼貌有如穿在身上的衣服，不能使我们健康，也不能使我们长寿，但却有保健、御寒、遮体的作用。

对人有礼貌，不见得马上有实际的效益。有些人就是因为这样而不加以重视，认为有没有礼貌，人家又不能对自己怎样，何必约束自己，处处讲求礼貌？

礼貌不可以公式化，而应该重视"敬"的本质，也就是"看得起"对方。人如果存心看不起，光是讲求外表的礼貌是没有用的。自尊尊人，才是真正的礼貌。

礼貌也不可以过分，因为礼多必诈，很容易引起人家的怀疑。人与人的关系不同，所表现的礼也不同。

礼貌的作用，一在和谐，使大家相处很愉快；二为守序，大家在一起，秩序井然；三为守分，表现合乎自己的身份；四为恭让，发挥以让代争的精神。

有些人注重形式化的礼貌，令人产生虚伪的感觉。很有礼貌，却丝毫不关心。

嘴巴说得很甜，心里头完全不是那么一回事。中国人对这方面的感觉十分灵敏，很快就看得出来，因而没有好感。

有些人采用制式化的礼貌，也就是千篇一律，对谁都是这样，令人产生亲疏不分的困惑，为什么如此一视同仁？是不是有一些不近人情？

中国人不喜欢形式化或制式化的礼貌，我们通常表现得相当具有机动性。有时候这样，有时候又那样，随时因人、因事、因地而制宜，只要合理，人人都喜欢。

二、保持适当距离，如图7-2。

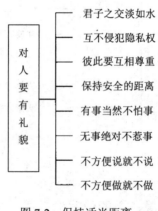

图7-2　保持适当距离

君子对待他人要和，却不能够结党营私，朋比为奸。彼此保持适当距离，才是君子之交淡如水。各人有各人的私生活，我们应该互相尊重，不要过分干扰别人。

保持适当距离，并不是各人都戴着假面具，彼此尔虞我诈。应该以诚恳的态度，让对方拥有合理的自由，在和谐中保持各自的独立。中国人讲求大同小异，主张君子和而不同，便是容许大家在团体中同时拥有个人，是一种兼顾集体主义与个人主义的做法。

过分不分彼此，就会不知不觉中伤害别人。自己与群众，很难全都十分熟悉，更容易触及隐私，刺痛人家的伤痕。唯有保持适当的距离，有些话不方便说就不说；有些事不方便做就不做，以策安全。我们主张"有事不怕事，无事不惹事"，因此人与人之间，特别是自己与群众之间，必须保持相当的距离。

有些人把中国人归入个人主义者，认为我们以个人为主。有些人却把中国人归为集体主义者，认为我们以集团为主。实际上中国人既不是个人主义者，也不是集体主义者。然而说中国人是个人主义者，既对也不对；说中国人是集体主义者，同样也对也不对，这是什么道理呢？因为我们把个人主义和集体主义合在一起想，有时候这样，有时候则那样，连中国人自己都常常摸不清楚。游走于个人主义和集体主义之间，只要不以个人的利害为取舍的标准，只要坚持趋吉避凶的取向，以正大光明为指针，合理就好。

三、不可锋芒毕露。

《论语·学而》篇开头的那三句话，正好指出中国人的三大缺点："学而时习之"，中国人学而不用，以致知道得多，做得少，不能养成良好的习惯。"有朋自远方来"，我们彼此相处，往往重视现实，过分势利，有办法的时候，再远的亲友也远从千里而来；一旦贫穷失势，住在隔邻的亲戚都不愿意加以理睬。"人不知而不愠"，生怕人家不知道我有这么大的本领，因此时时刻刻，逢人就要吹嘘一番。

老子针对第三个缺点，倡导"深藏不露"，遭受许多批评，其实，圣人的话是没有错的。锋芒毕露的人，必然成为众人打击的目标。树敌太多的结果，多半是自己倒霉。

有能力的人，不必在言语或行动上显露锋芒，却应该冷静地了解环境，再适应环境，得到大家的认同，然后再来改造环境，这时表现得人人乐于接纳，才是"君子藏器于身，待时而动"的真本领。如图7-3。

有些老师把"学而时习之"解释为学了之后，要多加复习，以致愈学愈没有兴趣。习不是复习，也不是温习，而是习惯。学而必行，才能养成习惯。有真正的行动，自然产生兴趣，希望能够学得更多。

这孔门三乐之中，就现代人而言，人不知而不愠，反而是最重要的。因为现代人根本做不到人不知而不愠，简直已经到了人不知而大怒的恶劣地步，而且愈来愈普遍。有机会表现，绝对不放过；没有机会，也要制造机会，猛"秀"一番。

锋芒毕露还不算,丑态百出才过瘾。现代台湾地区泛政治化的结果,政治人物破坏了善良风气,真是罪过。

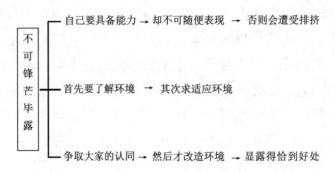

图 7-3　君子藏器于身

四、说话要留余地,如图 7-4。

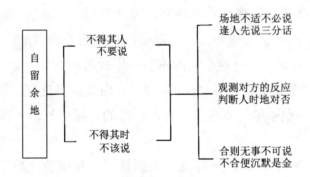

图 7-4　说话要留余地

中国人喜欢逢人只说三分话,而且这三分还是比较不重要的部分。这并不是狡猾,而是谨慎。

特别是多元化社会,什么都没有定论,各人有各人的看法。在西方可能是"真理愈辩愈明",我们的事实则往往呈现"公说公有理,婆说婆有理",不说还好,愈说愈糊涂。因为我们的文化比较丰富,同时脑筋也比较复杂。同样一句话,由三个人听起来,会产生三种不同的意义。同样一件事,从五个人的观点来分析,也会产生许多不同的看法。

说话留余地,才不会失言害了自己。不必说的不说,不该说的不说。人不对不说,地点不对也不说。时未到,暂时不说;时已过,不说也罢。逢人只说三分话,是测试对方的反应,用这三分话来观测人、时、地是不是合适。如果合适,就"事无不可对人言",如果否,"沉默是金"!

现代中国人,竟然忘记"先说先死"的古训,以致有机会就争着开口,死都不知道是怎么死的。

说话要自留余地,慎防逼死自己,这是任何人从事沟通的时候,都应该留心的法则。

把"逢人只说三分话"和"事无不可对人言"这两句话合在一起想,当作沟通品质管制的上下限,在许可的范围内寻找合理点,自然不会逼死自己。

五、见机赞美别人,如图7-5。

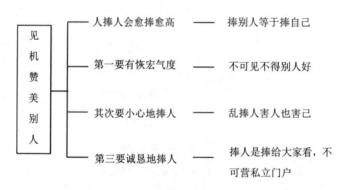

图7-5 见机赞美别人

前面说到"人不知而不愠",如果长久不为人知,有本事和没有本事岂非一样?中国人的本领,便是在人不知而不愠之中,有一套"深藏不露"的方法。站在不露的立场来露,站在不求人知的立场来为人所知。

最常用的方法就是人捧人,愈捧愈高。有机会赞美别人,别人知道了,也反过来捧自己。彼此彼此,大家都有人赞美,于是在不求人知的气氛中,大家都知道了。

赞美别人说起来容易，做起来相当困难。第一要有恢宏的气度，不可以见不得别人好；其次要具有辨别力，才不致瞎吹乱捧；第三要具有诚意去欣赏别人的优点，而不是存心"我捧你，你一定要捧我，否则我会找机会把你打下来"。赞美人要给大家看，不可以借赞美人来树立门户，形成排斥外人，结果却害死自家人的小圈圈。

瞎捧、乱捧的场面，在娱乐界屡见不鲜。丑八怪捧成俊男；怎么看都不美的丑女，也捧为美女。结果呢？大家很恶心，不把他们的话当话，因为他们本来就是闹着玩的，根本没有人正经，也就见怪不怪，不去怪它！

听多了俊男、美女，徒然使我们觉得周边的人个个都很难看。

一般人千万不要养成瞎抬、乱捧的不良习惯，把自己的信用破坏得天天往下滑落。赞美别人，多少要有一些根据，相去不远，只是夸大一些，听的人才觉得受用。而相关或不相关的人，也比较听得进去。

不当面，也不轻易赞美别人。一旦赞美，才会产生强大的效果。

六、小心群众运动，如图7-6。

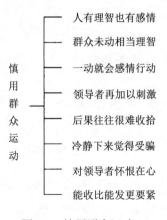

图7-6 慎用群众运动

群众运动可以把领导人造成知名人物，却也无情地毁灭、伤害了许多人，非万不得已，最好不要轻用。

人有理智，也有感情。群众运动未动之前，大家都强调理智，保证有把握控制得住。一旦动了起来，感情淹没了理智，事态因而扩大。领导者为了增强力量，则必设法刺激群众的感情，弄得情绪更加热烈，有时很难收拾。

但是，事过境迁，大家冷静下来，就会觉得受人利用，以致怀恨在心，愤愤不平，对领导者十分不满。

就算群众得到某些好处，也会产生新的期待，希望领导者再次发动更大的群众运动，以满足愈来愈高的需求。领导者如果不能保证节节升高，最后还是令群众失望，被群众遗弃。有意利用群众运动，必须切实具有收拾的能力，否则能发不能收，难免遭受阵亡的厄运。

水能载舟，亦能覆舟，这是大家十分熟悉的道理。群众可以把一个人捧起来，照样能够把他打下去。非不得已，实在没有必要搞群众运动。

非不得已的时候，还是以立公心为根本原则。为公而聚众，总比为私而搞群众运动要安心得多。

群众就算不是盲目的，至少也是容易行动的。易发难收，常常引发预想不到的恶果。

不造神、不聚众、不敛财，应该是面对群众时必须秉持的三大原则。人只要活着，就不是神，不要把自己捧得像神一样，这是一般群众运动者的首要警戒。

第二节　和谐的要领

人际关系的理想状态究竟是什么？和谐？有些人认为落伍。合理？似乎相当正确，但是，合理的标准实在十分模糊。圆满？要求沟通圆满，还有可能。希望人际关系圆满，好像有点过分。现代？够时髦，却令人摸不着头脑，到底代表什么？想来想去，我们依旧沿用"和谐"这两个字。中国人讲求"和为贵"，孔子希望"君子和而不同"，待人和气而不同流合污，不但切合现代人的实际需求，而且可以由"和"而"安"，帮助企业或家庭达到"安人"的境界。

处事待人要和谐，人际关系也需要和谐。和谐代表一种和气，和气才能生财，这是中国人最喜欢的主张。它的表现,正是当年朱子所说的"从容不迫"。一个人、一个家庭、一个机构,如果真能够从容不迫,无论人际关系、公共关系,都是第一流的。

从容不迫并不是"反正无所谓",因此不急不忙。这种人基本上已经不忠厚,而不忠厚的人,即使从容不迫,也不过是一种假象,可以说是自欺欺人式的从容不迫,而不是真正不忧不惧式的从容不迫。

一般而言,社会上有两种和和气气的人。一种是内心忧惧,以致到处讨好,虽然表现得和和气气,却是相当虚伪而缺乏诚意;另一种则是内心不忧不惧,不讨好任何人,也不欺压任何人,心正意诚地和和气气。我们不寄望前一种和气的人会产生和谐的人际关系。因为这种人心里必然有所企求,达不到就会当面或背后制造不合作的气氛。我们衷心希望后一种和气的人共同来缔造和谐的人际关系。因为这种人不会"和稀泥",也不会表里不一致地明争暗斗。遇到艰危的情况,还能够"同舟共济",实在是当今社会最迫切需要的人。

化戾气为祥和,是和谐人际关系的目标,主要力量在"化",中国人常说"大事化小,小事化了",如果不是"和稀泥"式的化,而是"皆大欢喜"式的化,那才是真正的中国功夫,着实不简单。

我们的基本理念有三,分别说明如下。

一、简化。往昔农业社会,人与人间的关系十分复杂,大家有较长的时间来辨识,也有较多的时间来调整。现代商业社会,人的变动很大,彼此之间的关系必须简化,才能够产生实质的作用,以减少不必要的形式。我们建议把人分成四个层次,由自己开始,再由个人而家人,然后推及朋友,最后及于一般人。亲戚之中,近亲并入家人,远亲纳为朋友。同时把朋友这一层次的范围加以扩大,包括同宗、同事、同乡、同学、同业、邻居、同年,以及熟悉的外国人。一般人这一层次则包括点头之交、陌生人、群众,以及一般的外国人。

二、别爱。尽管有很多人在大力推展平等的爱,我们仍旧赞成中国人原有的"差别的爱"。也就是爱是有差别的。父母就是父母,不同于朋友。认识的人便是熟人,不同于陌生人。对不同层次的人,给予不同的爱,以免"爱所有的人,结果爱不了任何人",形成"爱人类却天天和家人吵架"的怪现象。要爱人,先要爱自己;要爱别人的父母,先要爱自己的父母。人对人的爱,一方面要真挚,一方面更要合理,这两项都不是对任何人一视同仁的。所以差别的爱,也就是不一样的爱,才合理,也才见真情。

三、谅解。人与人之间,既然不可能没有差别的爱,那么彼此互相谅解,就成为"化"的必要条件。你对他比较好,对我比较不好。我应该充分谅解,认为你之所以有这种表现,必定有原因。人人自己反省,并且反省之后加上自我改善,以谅解的心情来化解人际之间的各种不公平问题,自然日趋和谐。心存谅解,自然容易化掉人与人之间的矛盾。

但是,我们发现,希望大家抱持这样的心情,事实上愈来愈困难。因为现代人受到西方式平等观念的影响,已经愈来愈没大没小,很不容易在这一方面保持谅解。于是,我们才依据正名的原则,把人际关系正名为人伦关系。

有些人对伦理有成见,一提起人伦关系,可能会产生三种误解,那就是:阴险、权术,并且圆滑。我们也提出一些看法,以供参考。

一、正直而不阴险。

有些人一提起中国人的人际关系,马上联想到"狡猾、阴险、邪恶"这一类字眼,形成莫大的误解,实在令人觉得遗憾!因为中国人最讨厌的,其实就是这些行为。

人际关系既然主张把更多的人当作朋友,那么正直便成为最重要的基本原则。正直指顺道而行、顺理而言、公正无私,如图7-7。正要正大光明而不走向偏道,直并不是有什么就说什么,而是坚守"应该说的才说,不应该说的绝不说"原则,做到"不可不说,不可乱说"。公正无私才会诚信相处,彼此安宁。

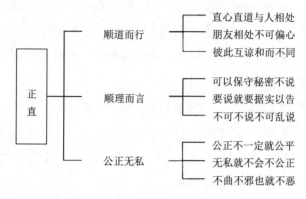

图 7-7 正直的真义

直,不可无礼。急切暴躁不是真正的直,有话就说也不是直。人人都认为自己正直,实际上做得到正直的人少之又少。山上有直树,世上无直人。愈来愈多的人弄不清楚什么是正直,实在是可怕之至。吵吵闹闹未必是正直,圆通也不见得就不正直,这是大家必须切实加以明辨的。

中国人最奇怪的地方,就是每当反省自己的时候,总觉得自己十分正直、诚恳、实在、认真、勤奋、负责、信实,好像所有的美德自己都有。但是抬头看见其他人就会想起丑陋的一面,奸诈、阴险、欺骗、圆滑、虚伪、马虎、摸鱼、推卸责任,似乎所有的恶行都出现在其他人身上。

我们对自己、对别人的双重标准,随时展现无遗。可惜自己常常不加以注意,以致骗了自己。

不要受丑陋的暗示,以致自卑到毫无信心。先对其他人恢复应有的信心,才可能建立良好的人际关系。

二、艺术绝非权术。

人际关系需要适当的润滑油,使彼此之间减轻摩擦,促进互动。这种润滑油,称为人际技巧,其实就是一大堆花样。

耍花样的人,很容易惹人厌恶,引起反感。但是,完全没有花样,一切直来直往,也不容易受人欢迎,谈不上感人。中国人欣赏艺术、讨厌权术,即是十分明白人伦关系非有技巧不可，亦即不可以完全没有花样。然而心正的人，就算花样一大堆，也称为艺术。心不正的人，如果花样一大堆，便是玩弄权术。艺术和权术一字之差，表示彼此的动机颇不相同。前者以心正为出发点，后者则心不正，而表现出损人不利己的行为，如图7-8。

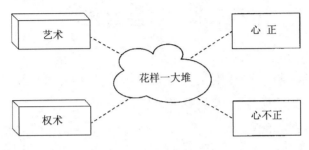

图7-8　艺术和权术不同

现代中国人最好不要盲目排斥人际技巧，否则很难彼此和谐。我们应该分辨清楚，心正的人，有花样并没有什么不好，不必曲解或排斥他。对于那些心不正的人，不论他怎样玩技巧耍花样，都要小心提防，以免上当。

权术和艺术，从形式和表面上看起来几乎一模一样，以致很多人分不清楚，也看不明白。有人把权术当作艺术，惹来很多反感。有人则把艺术看成权术，极力加以排斥，使得自己寸步难行，还被人视为不近人情。

人与人之间，自然需要一大堆花样来促进互动而又维持和谐。我们既不可以盲目排斥花样，认为凡有花样的都属权术；也不能够心不正地玩弄权术，把别人当作傻瓜，自以为聪明地耍手段、玩花样。因为这两种极端的态度都不得其中，对自己都没有好处。

富于艺术，绝不玩弄权术，应该是大家努力的目标！

三、圆通不是圆滑。

圆通固然不是不正直，却也不是圆滑，本书第三章说明得相当明白。一般人误把圆通当成圆滑，或者认为自己相当圆通而别人却十分圆滑，最好能够分辨清楚。

正正当当的人,需要圆通的修养,以"有事不怕事、无事不惹事"的态度,来建立和谐的人际关系。自己愉快,别人也愉快,又能够走正道而万事顺畅,这才是我们追求的"从容不迫",一切在和和气气中,合理解决。

第三节 诚恳的艺术

我们已经说过,艺术的基础是诚恳。否则便成为权术,易破坏人际关系。下面列举六种安全有效的做法,以供参考。

一、自信赢得别人的信赖。

自己对自己抱持信赖感,能够使别人对自己产生相当的信赖感。任何人依凭自信而成功,其比例远大于依赖聪明才智而成功。可见自信对人际关系而言,十分重要。

自信可以赢得别人的信赖,自信的行为表现如图7-9。兹分别说明,以供参考。

1．走路时提起肩膀、抬头挺胸,而且快步踏出,比一般人走的速度快25%左右。

2．经常保持微笑,因为微笑可以带来信心,驱散我们的恐惧和烦恼,微笑可以拉近人与人之间的关系。

3．大方地注视对方,无论见面或者谈话时,都能够自然地将视觉的焦点放在对方的眼睛上。

4．说话时使用丹田的力气,以有力而清晰、明确的语调来说话。

5．能够以自己的热心激发对方的热心,表现出自信、信人的风度。

西方人的自信,直接针对自己对自己的信心。中国人比较谦虚,大多不敢直接对自己产生信心。因为自信的人,很容易一不小心就会自大、狂妄,并不是好现象。

我们的自信,通常指对上天的信心,认为"自己那么凭良心、讲道义,行事正大光明,一切公正无私,老天爷不保佑,还有什么天理可言?"相信老天有眼,会帮助自己顺利进展,才是心目中有老天爷的自信。

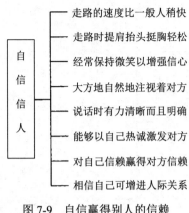

图 7-9　自信赢得别人的信赖

二、合理考虑他人的立场。

和谐的人际关系,必须合理地考虑别人的立场,至少要做到下述六点。

1．设法让对方松弛紧张和不安的情绪,放心地对我们畅所欲言,把心中的话说出来,彼此很容易沟通。

2．表现出幽默而乐观的态度,使对方觉得我们相当诚恳而主动,认为和我们交往有意义而且有价值。

3．及时向对方表示称赞和祝福的意思,使对方明白我们能够欣赏别人的优点和成功,亦即能够主动地爱别人。

4．对方如果遭遇不幸或失败,我们也要及时予以打气,表示支持他,衷心鼓励他,当他的精神支柱。

5．凡事将心比心,站在对方的立场,使对方明白我们的诚意,对方也将以同等的诚意来响应我们。

6．万一有误会,要诚恳地解释。如果自己有错误,应该马上改善,不可以自我为中心,陷入盲目的利己主义。

站在他人的立场,别人才可能依据"互相、互相"、"彼此、彼此"的交互精神,同样站在我们的立场,来合理地回应。大家都将心比心,交集的范围加大,彼此有共识，当然容易沟通而建立良好的人际关系。如图 7-10。

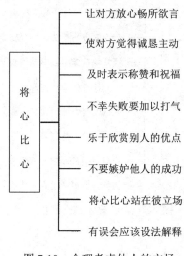

图 7-10　合理考虑他人的立场

自我中心主义，是破坏人际关系最有力的武器。任何人只要凡事只想到自己而不考虑他人，必然被视为自私自利而得不到他人的支持和欢迎。

想想自己，也想想别人，各方面兼顾到合理的地步，合乎将心比心的原则，自然导致和谐的人际关系。

三、赞美别人的五个原则。

及时赞美别人，乃是不可缺少的人际技巧。赞美别人有五个原则，分述如下。

1．不要害怕面对面称赞别人。对方未必完全相信，但是总比不说出来更好。如果不方便当面赞美，可以打电话。千万不可说得吞吞吐吐，连自己都觉得很可笑。

2．找机会向对方求助或征求意见。这种方式往往能够产生比直接称赞对方更好的效果，因为对方比较容易相信。

3．依据事实，以诚恳的态度来满足对方被尊重的虚荣心。常以对方知识丰富、能力高强、经验老到来满足对方在知识、能力、判断力的虚荣，易于产生信赖和好感。

4．比较具体地说出对方的优点。寻找可以满足对方的赞美词，可以让他感到无比的高兴。

5．诚恳称赞对方得意的成就。利用对方的事业成就、子女成功，加以适当赞美。不可谄媚，也不可存心讨好。

不存心讨好任何人，是我们一再重复的论点。因为有太多的人，对讨好产生误解，一方面痛恨讨好的行为，一方面却又不知不觉地讨好他人。

看到他人讨好的行为，心生厌恶；自己讨好他人的时候，却又觉得如此才有礼貌。这当中的分界，除了对自己和对他人的双重标准之外，还含有深一层的意义，那就是自己对自己内心的动机最为明白，没有讨好的心，却有讨好的形，当然不是讨好的行为。别人的动机，我们不清楚，大多认为有意如此。

四、轻松幽默地劝阻他人。

闻过则喜是一种美德，可惜做得到的人委实太少。非不得已最好不要批评别人，尤其不可以背后议论，以免引起反感。实在有批评的必要，请注意下述五个要项。

1．在愉快的气氛中，用比较轻松的方式来进行。希望在不惹对方厌恶的情况下，指出他的缺失。

2．若无其事地说出对方的错误，比较有效。如果忽然间大声责骂，对方心理上会产生强烈的抗拒。

3．先赞美，后指责，最后安慰他，对方比较乐于接受。他总有若干优点，不妨拿来做引子。

4．私底下劝告，不要公开批评。但是要当面，他或许一时难受，过后冷静下来，会心生感激。

5．看关系、论交情，来决定批评的语气。依情况、看时机，采取不同的方式。交浅不言深，最好不要逾越。

通常我们喜欢用三明治法来批评他人，使对方比较乐于接受。先赞美他，然后批评他，最后再赞美他。把批评夹在先后两片赞美的中间，吃起来比较可口。

也可以借用别人的话来批评对方，譬如"有人说你相当不近人情，但是我的感觉完全不是这样",或者"我看你整天忙于工作,偏偏有人还在批评你的工作负荷太轻"。假借别人的口气,对方比较不会恼羞成怒。如果问起是什么人说的,最好说记不得了,他就知道是我们顾全他的面子,才这么说的。

借用第三者,并不是欺骗的行为,而是为了让听者的面子比较不受损伤,比较容易接受,也就是表示对听者的尊重。

五、慎防引起别人的疑忌,如图7-11。

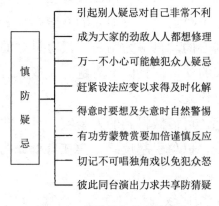

图7-11 慎防引起他人的疑忌

引起众人的注意是一种彰显自己的方法。引起别人的猜疑和嫉忌,那就无益而有害。因为一旦成为大家的劲敌,人人都想修理,徒然成了众矢之的。不露则已,一露就要特别谨慎,要注意下述四点。

1. 自己打破平衡的局面,势必引起大家心理上的不平衡。这时要更加谦虚有礼,切戒沾沾自喜。

2. 得意时要想及失意时可能遭遇的困境,事前防患总比事后补救要好得多。得意时最容易得罪别人,要小心。

3. 有功劳蒙上级赞扬或奖赏,别人多少心里不高兴。要想办法分享或表示功由众成,衷心感谢大家的帮忙。

4. 要有同台演出的理念,切记不可唱独角戏,勿急于自我表现,勿一味逞能,勿低估或欺骗对方,勿自以为是。唯有你赞美我,我赞美你,彼此产生一体感,才能减少别人的疑忌。

基本上我们比较不喜欢自我推销,因为人就是人,并不是物,为什么要推销自己?难道想要卖给别人不成?彰显自己,目的在引起大家的注意,使大家对我们产生比较良好而深刻的印象。

别人不注意我们,无从建立关系;别人注意我们,却产生不良的印象,不如不让他注意,反而更好。可见我们不但需要引起他人的注意,同时更需要造成良好的观感。以上四点,看起来十分简易,做起来并不简单,必须慎思慎行,才能有效。

六、活用期待他人的力量,如图 7-12。

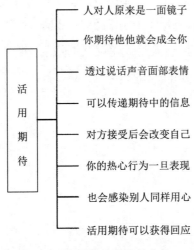

图 7-12 活用期待他人的力量

只要我们愿意相信别人,别人就会以诚实的态度来对待我们。因为人对人原本就是一面镜子,照镜子的人笑容可掬,镜中人自然也笑得十分可爱。活用期待别人的力量,有以下四个原则。

1. 自己热心,也会感染别人产生同样的热心。对别人冷淡,别人照样会对自己漠不关心。

2. 对别人采取敌意的行动,别人也会把相同的行动反射过来。自己对别人大声吼叫，别人也会提高嗓门，大声说话。希望对方冷静下来，首先要降低我们自己的火气。

3．透过说话声音、脸部表情，可以传递我们的期待讯息，对方接受后，也会寻求适当的反应，因而自动改变。

4．相信别人，表现出自己的信心。别人看到我们的表情，体会我们的信心，自然会更加尽力，好好地表现，以达成我们的期待。

人性原本有善有恶，事实上也可善可恶。一般人偏向性善，实在是一种良性的期待，我们把它称为善意的期待。特别是中国人，习惯于交互作用：你对他好，他没有理由不对你好。同样的道理，我们期待对方善意的响应，多半能够心想事成。反过来说，一开始就认定对方缺乏诚意，对方十分敏感，一下子就看出来，当然不会诚意地响应我们，这是十分自然的事情。

自己抱持善意，还要对别人怀有善意的期待，彼此都很灵光，自然一想就通。活像照镜子一样，镜中人和照镜的人，皆大欢喜。

✍ 我们的建议

一、人际关系是一种艺术,绝对不可以运用权术。心理上公正而诚恳,一切技巧或花样都成为圆通的润滑油,使人际更为和谐。我们认定圆满的重要性与圆通的必要性,才能够达成和谐的人伦关系。圆通绝不圆滑,才能够表现得十分艺术而绝不玩弄权术。

二、人都喜欢被赞美,也都厌恶接受批评。但是朋友之间,贵在互相责善,因此,必要的规劝和忠告也是良友的一种职责。不得已才批评,这时多提供积极性的建议,先赞美后批评,有效最要紧。三明治式或者假借别人的口,都可以适时加以活用。

三、活用期待别人的力量,是人际关系最有效的推动力。我们必须善用这种力量,使别人心领意会而自动调整。彼此互动,自然促进人际的和谐。施压力的人,短期内可能是赢家,长期来看,必然是输家。我们最好看得长远一些,多多合理地考虑别人的立场,冷静地诱导别人自我改变,以免引起别人的反感。事先多用心,可以减少事后的悔恨,凡事谨言慎行,最为安全有效。

📖 自我评量项目

1. 为什么正直的人还需要适当的人际技巧？

2. 自信真的可以赢得别人的信赖吗？请举例说明。

3. 中国人的自信，为什么和老天爷有关系？

4. 为什么要考虑他人的立场？请举例说明。

5. 怎样考虑他人的立场才算合理？

6. 赞美别人，要注意哪些原则？

7. 可以批评别人吗？你能够接受他人的批评吗？

8. 怎样才不致引起他人的疑忌？

9. 为什么要活用期待他人的力量？

10. 怎样活用期待他人的力量？

第八章　沟通的重要性

人际关系和沟通，密不可分，彼此互相影响。
沟通不良，容易引起人际关系失调，反之亦然。

全世界的人，都有情绪反应，并非完全理性。
中国人起伏的程度，特别厉害，更需要情绪管理。

和中国人沟通，必须顺着中国人的情绪反应。
摸不清楚当中的诀窍，常常造成人际关系的紧张。

自古以来，祸从口出的警语，一直广泛流传。
不难想象中国社会，沟通经常是破坏关系的杀手。

沟通良好的人，通常人际关系都相当良好。
可见人际关系有赖于良好的沟通，以免失调。

要建立良好的人际关系，重视伦理道德之外，
培养有效的沟通能力、表现合理的态度也很重要。

📖 学习目标

详读本章，学习者应能达到下列目标：

1. 了解人际关系和沟通的密切关系，并能在日常生活中用心体会。

2. 明白中国人的沟通特别困难的道理，并能在日常生活中力求改善。

3. 掌握用心听取对方所说道理的要领，并能在人际沟通中不断加以体验。

4. 明了说妥当话的要领，并能在日常沟通中用以改善人际关系。

5. 分辨讲什么和怎么讲的差异，并能在人际沟通中逐渐重视讲什么的态度。

6. 知道慎始才能善终的道理，并能在日常沟通中，养成先想好再开口的良好习惯。

第八章 沟通的重要性

第一节 沟通对人际关系的影响

人际关系与沟通，彼此影响。两者可以互补，也能够相克。人际关系良好，沟通比较顺畅。沟通良好，也能够促进人际关系的和谐。反过来说，人际关系不良，增加沟通的困难。沟通不良，促使人际关系变坏。如图8-1。

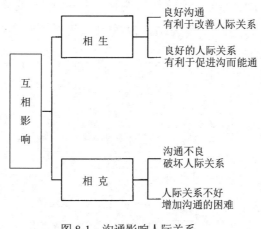

图8-1 沟通影响人际关系

不善于沟通的人，最好加强人际关系，来弥补自己的缺失。人际关系不是很好的人，最好培养沟通的能力，以求改善人际关系。事实上，两者之一获得改善，对两者都有所助益。

由于我们重视伦理，人际关系最好调整为人伦关系。而沟通的时候，仍然需要融合伦理的观念，以免破坏人际关系。例如讨论一件事情，西方人的习惯，是把和这件事情相关的人员，召集在一起，大家共同讨论。当这些人聚集在一起的时候，他们比较不计较身份地位，大抵可以畅所欲言。中国人则不然，我们就算把相关人员聚集起来，也会拘泥于彼此的身份地位不同，不敢贸然发表意见。通常上司在场，除非上司授意，否则部属不能发言。就算上司授意，也要摸清楚到底是真的，或者只是客气的表示，根本不希望部属发言。

专业人士,当然享有发表意见的权利,大家也会给予较高的重视。但是,专业人士如果不讲求伦理,同样会造成人际关系的失调,影响自己的升迁和前途。

同样具有专业技能,同样富于表达的技巧,由于彼此的伦理修养不一样,就会造成不同的人际关系。可见专业人员,同样需要透过合乎伦理要求的沟通,来建立人伦关系。

中国社会特别重视关系,彼此的关系良好,就算偶尔说错话,也没有什么关系。若是关系不够,或者关系不好,那就每一句话,都要鸡蛋里挑骨头,很有关系。从这种角度来看前述的"有关系,没关系;没关系,有关系",应该另有一番不同的诠释。如图 8-2。

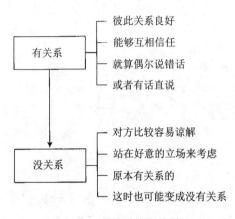

图 8-2 有关系就没关系

人际关系与沟通,可以简称为人际沟通。在我们日常生活当中,人际沟通是不可或缺的活动。必须勤加练习,多加磨炼,养成小心因应、用心体会、虚心检讨的良好习惯。一方面使自己的沟通能力不断增进,一方面促使自己的人际关系获得改善。我们的目的,不在讨好任何人。因为讨好所有的人,结果讨好不了任何人。若是讨好少数的人,势必得罪更多的人,对自己十分不利。何况中国人警觉性很高,也就是怀疑心很重,很难达成讨好的目的。不如用心保持和谐、互动、互助的良好状态,透过好好沟通来互相感应。若能心意相通,大家都愉快,那就是良好的人际关系。在愉快中把正当的事情办理妥当,则是我们共同努力的目标。

一个人自言自语，很容易被误认为疯子。两个人对谈，若是闹得很不愉快，那就是吵架。人际沟通，常常是一群人聚集在一起，这时候更需要高度的沟通技巧，否则大家很难皆大满意。

常见好几位母亲，看起来聚集在一起，大家都在夸赞自己的孩子，多么聪明活泼，十分可爱，却没有人在听。这种情况，只能算是集体独白，并没有沟通的功能。

人际沟通的基本条件，是心中要有这些聚集在一起的人的存在，并且以尊重的心情，来和每一个人做良性的互动。既不能够偏重某些人，使其他的人感觉受到冷落，也不应该只顾自己，想说什么就说什么，爱说什么便说什么，因为这样的沟通，只能算是自己在表达意见，完全没有顾虑到人际关系的因素。善于沟通的人，必须随时顾及可能产生的人际关系，以免无意中破坏自己的人际关系，造成恶劣的沟通效果。

第二节 沟通的最佳原则

人际沟通，其实并不困难。只要大家都能够遵守一个共同的法则，彼此都不以情绪来反应，那就十分顺利，而且简单而有效。

沟通的最佳法则，便是：用心听取对方所说的道理，不要理会对方是怎么说的。如图8-3。

任何一句话，认真去听，都可能听出某些道理，不可能毫无价值。但是，我们常常不在乎这些道理，却斤斤计较于对方表达时的态度和语气。换句话说，我们不认真听对方在讲什么，却十分介意对方是怎么讲的。

"你讲得很有道理，但是，你怎么可以这样说呢？"这种经常出现的责骂，让我们清楚地明白，我们听话的心态，显然比较重视怎么说，并不认真听取所说的道理。可见中国人说话，应该以听得进去为优先，而不是说得有道理。事实上，愈有道理，愈容易引起听者的难堪。一旦恼羞成怒，那就愈加听不进去。可见说得对，还不如说得妥当，来得有效。

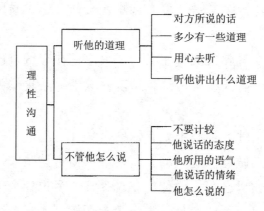

图 8-3　沟通的最佳原则

这样，我们才了解，为什么中国人见面，常常不谈正经话。喜欢东扯西扯，说一些没有用的寒暄话。目的在于了解对方的情绪状态，并且产生稳定双方情绪的作用。不急着讲，先摸清楚情况再说，应该是上策。

"吃饱了吗？"

"像你那么好命！"

这两句话，基本上都和吃饭没有关系。真正的用意，应该是：

"你现在的心情好不好，适不适合做一些沟通？"

"我此刻的心情坏透了，你最好少说话。"

为什么不直接挑明，单刀直入呢？改变成：

"请问你此刻的心情如何？可以和你沟通吗？"

中国人十分机警，遇到这样的询问，大多不敢明说。为什么？因为避免吃亏上当的缘故。在没有摸清楚对方的用意之前，谁也不愿意冒险，回答这样的问题。

这样问，对方大多沉默不语，问了等于没有问。还不如稍微拐个弯，反而容易获得比较真实的答案。

"吃饱了吗？"

"刚吃饱。"

心情不错，可以进行沟通。于是接着说："跟你说两句话好不好？"

对方很容易听进去，因为只有两句话，怎么可能不答应呢？这样开始，持续说了两三个小时。彼此愈说愈投缘，当然不觉得浪费时间。

任何一句话，实际上都有相当的道理。只要心平气和，用心听取这一句话的道理，自然有所得而不致生气。孔子说：三人行，必有我师焉！就是说人与人相处，互相尊重对方的长处。认真学习对方的所长，听取所说的道理，不必计较所表达的方式和所使用的语句。可惜人有情绪，很难做到这种地步。情绪掩盖了道理，才难以沟通。

我们不得不退而求其次，讲求沟通的方式，来促进人际关系的和谐与改善。

为了让对方听得进去，我们很容易采取讨好的方式，尽量说一些好听的话，让对方听起来很高兴，而易于接受。历代以来，出现很多小人，便是这种导向的产物。

其实，中国人是不能讨好的。因为我们警觉性很高，也就是怀疑心很重。想讨好中国人，并不简单。有礼貌地问好，不过是虚伪的表现。话说得很动听，简直把听者当作白痴。形式上的讨好，很难满足中国人的需求。久而久之，变成实质上的讨好，那就弊害丛生了。

既然中国人不容易讨好，而且讨好很容易变成小人，带来很多祸害。我们最好不要走讨好的途径，用不讨好来让对方听得进去。

说得正确好不好呢？凡事讲清楚、说明白，应该是一种良好的方式。事实不然，说得愈正确，对方往往愈没有面子，以致恼羞成怒，更加听不进去。

说得对，并没有实际上的效果。那么，说错了呢？对方必然心生怀疑，是不是有意欺骗？那还得了。中国人十分痛恨不诚实的人，绝对不能存心欺骗。

我们把正确和不正确合起来想，将对与错合在一起，走出第三条路径，那就是：说得妥当。如图8-4。

说妥当话，成为人际关系的重要因素。一句话说得不妥当，后遗症很严重。每一句话都要说得很妥当，实在不容易，必须时时警惕，所以中国人普遍警觉性很高。

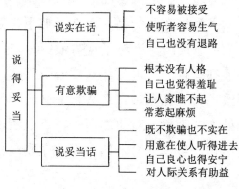

图 8-4　说妥当话最有效

第三节　慎始才能善终

中国人讲求慎始善终，沟通时也是如此。如图 8-5。

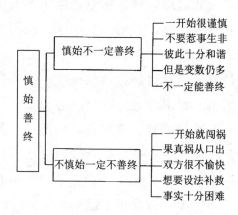

图 8-5　慎始才能善终

由于中国人情绪反应剧烈，比较容易冲动。有些人上网，竟然两三句话听不顺耳，便相约打群架，便是祸从口出的现代案例。

我们不能够确保每一句话都说得很妥当，至少第一句话应该特别小心，所以慎始非常重要。

第八章　沟通的重要性

第一句话很难启口，是一般人常有的经验。并不是没有话说，而是不知道应该怎样开口。

多年来，一直有许多机会和年轻人接近。发现愈来愈多的人，居然不了解"先说先死"的道理，却一味执着于"我有话要说"，以致"死得不明不白"，惹来满肚子怨气。

就算具有社团经验或者稍具工作经验的年轻朋友，也有很多尚未体会"先说先死"的奥秘，真是"有经历而没有经验"，有如吃过羊肉却未曾领略到它的骚味。

"先说先死"其实正是"我有话要说"的深一层意义，两者应该相辅相成，才能立于不败之地。

"我有话要说"基本上是正确的观点，不过它只触及真理的一部分。如果把这个观点过分膨胀，就会形成沟通的莫大障碍。现代社会，几乎到处可以看到"大家都在说，然而没有人听"的"集体独白"景观。很多人群集在一起，个别在进行独白，这是何等令人不解的奇特景象。

不明白"先说先死"的人，一开口便吃亏，于是怨天尤人，逐渐走上偏激的道路，造成整个社会的不安。或者已经死了却不能自知，反而沾沾自喜，以为得计。于是变本加厉，到处惹事的结果，也是制造群体的不安宁。

"先说先死"的另一种结局，则是充分被人曲解或利用，哪怕中外先贤多么明智而充满慧见，也难逃这一关！后人断章取义、明褒暗贬，甚至任意添加，岂非到处可见？

但是，最大的害处，还在于不知先说先死而带动我有话要说的风气。特别在中国社会，很容易增强"知者不言"，偏偏"不知者多言"的恶果，害人也害己。

过分强调先说先死，到了知也不言的地步，当然并不理想，同样是一种不正常的发展。大家批评传统社会"明哲保身"的弊端，便是看不惯它的变态作风。

"先说先死"固然是事实，"不说也死"亦是不可否认的部分真理。只是"不说也死"应该说给懂得先说先死的人听的，唯有深谙先说先死的道理，才有资格讲求不说也死。仅仅保持我有话要说的心态，根本没有必要深究不说也死的意义。

中国人的高度智慧，表现在两句矛盾的话一起说，化矛盾为统一。把"先说先死"和"不说也死"这两句彼此相反的话，合在一起，成为"先说先死、不说也是死"，那就真是"相反相成"，掌握到沟通的奥秘了。如图8-6。

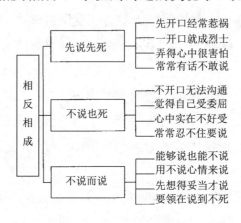

图8-6　沟通的奥秘

沟通不一定完全动口，这里的"说"，实际上包含了"文字的说"、"口头的说"以及"不说的说"，可以说是广义的"说"。

既然先说先死、不说也是死，那该怎么办呢？所谓相反相成，就是"看似互相违反，实则互相成全"。明白"先说先死"才会"不说"；了解"不说也死"，才会"说"。因而"站在不说的立场来说"，不至于乱说，却能够说得恰到好处，便是"说到不死"。

有把握"说到不死"的人，最好"我有话要说"，也才有权利"我有话要说"。就算不利人利己，至少也不会害人害己。

"说到不死"的功夫，当然不是一蹴而就的，需要不断的磨炼。良好的开始，即在明白"先说先死、不说也死"的道理。

不能因为相当困难而"不说"，更不能反正是死而"乱说"，两者都具有很大的杀伤力。虽然看不见，却威力惊人。

要"说到不死"，必须说得合理。很多人就是认为自己所要说的，十分合理，这才理直气壮，把它说出来。可见内容合理之外，尚须顾虑时空的变化。任何事理都在时空之中，唯有因时因地制宜，才是真正合理。

第八章　沟通的重要性

　　有人会认为，人有免于恐惧的自由，顾虑这么多，岂不是一点也不自由？不错，人有免于恐惧的自由，并不表示人可以不恐惧或者不理会恐惧，乃是人必须更加警惕、谨慎，使自己无所恐惧。

　　同样的道理，人有言论的自由，并不是可以乱说，或者想说就说，却是人必须更加谨慎，更深一层考虑，使自己可以自由自在地说话，而不会造成危害。

　　我们绝不否认，这是一个重视沟通的时代。然而，我们也不得不严肃地面对愈沟愈难通的事实。理论上，沟通可以解决大部分的问题，实际上，沟通往往带来更多的头疼问题。

　　为了不使大家对沟通丧失信心，为了使现在沟通理论落实在中国社会，更为了促进有效的沟通，我们一方面深知"先说先死"的高度危险性，一方面也居于"不说也死"的深切危机感。至于是不是"说到不死"，那就有待考验，不敢妄自论断了。

　　郑重声明，我们的目的，仍然在促使大家有话要说，只是虔诚地期盼，"我有话要合理地说"，因为你、我、他的安宁与幸福，悉在其中，不可不戒慎为之。

　　我们这一章，只是一个开端。下面各章，将会针对沟通，做比较深入的探讨。若干重要的观念，将逐一加以说明。

✍ 我们的建议

一、沟通对人际关系,具有很大的影响力。我们必须重视沟通,提升沟通的能力,来增进自己的人际关系。沟通和伦理,也有十分密切的关系。若是有心建立人伦关系,沟通时照样需要注重伦理,以求和谐。

二、只要多用心听取对方所说的道理,不去计较对方采取什么样的态度,使用什么样的字句,表现出什么样的气氛,彼此就很容易沟通。偏偏大多数人,不理会人家说些什么,却注意人家是怎么说的,这才弄得很不愉快,而难以沟通。

三、先说先死和不说也死,都只是部分的真理。最好把两者合起来想,不分开来看,才能够既不说也不乱说,站在不说的立场来说,说出一番妥当话,以求说到不死。

📖 自我评量项目

1. 人际关系和沟通,有什么关系?

2. 沟通和伦理,有什么样的关系?

3. 沟通的最佳法则为何?

4. 您能够做到用心听取对方的道理,却不计较对方怎么说吗?为什么?

5. 中国人喜欢彼此讨好,您的看法如何?

6. 为什么大家都讨厌小人?和互相讨好有什么关系?

7. 祸从口出是真的吗?请举例说明。

8. 什么叫集体独白?请举例说明。

9. 什么叫不说的说?请举例说明。

10. 请举例说明沟通不良,影响到人际关系的事实。

第九章　沟通前的心理准备

无论如何，要记住"先说先死"。
既不可有话就说，也不能有话直说。

不说也死，和先说先死同样有道理。
先想先说先死，再想不说也死，双方面兼顾。

说到不死，才是最理想的状态，值得追求。
在先说与不说之间，寻找合理的平衡，求不死。

借着说明事物，来表达感情、建立关系，
而最主要的，仍然是进行企图，达成目标。

一句话，要让对方听得进去，才能不死。
说话时随对方的反应而调整，不要逼死自己。

沟通前心理上要有充分准备，务求说到不死。
这时候就应该站在不说的立场来说，以免乱说。

第九章 沟通前的心理准备

📖 学习目标

详读本章，学习者应能达到下列目标：

1. 了解先说先死的道理，并能在日常生活中做好慎始的沟通准备。

2. 掌握不说也死的关键，以期说到不死，并能在实际沟通中不断求改善。

3. 明白先说先死和不说也死的矛盾关系，并能在日常沟通中力求突破。

4. 知道先说先死和不说也死是品质管制的上下限，并能在日常沟通时用心体会。

5. 明了设法让对方听得进去的重要性，并能在日常沟通中多加观察和磨炼。

6. 抓住让对方听得进去的要领，并能在日常生活中求进步。

第一节　首先提醒自己"先说先死"

前面说过，唯有慎始善终，才能有效地沟通。为求一开始就十分谨慎，最好的方式便是提醒自己：先说先死。

请问一位美国朋友："这件东西，多少钱买的？"

美国朋友大多直接说出价钱来："一百元。"

请问一位中国朋友："这个物品，多少钱买的？"

中国朋友很少直接把价钱说出来，反而回答："你猜猜看！"

销售人员每次说出价格，总会吓跑一些客户。

访客自动说明来意，只会促使主人及早做好规避的动作，以求趋吉避凶。

推销人员一旦表明身份，听的人大多说："已经买过了。"因为人都不愿意被推销，如此抵挡一下，可以减少许多麻烦，以策安全。

中国人最明白"先说先死"的道理，所以见面不说正经话，专说一些没有用的闲话。生怕先开口，露出自己的心意，让对方有机可乘，徒然增加自己的苦恼。

我们有很多沟通方面的习惯，实际上都和"先说先死"具有十分密切的关系。

中国人为人处世的第一原则为"先隐藏实力"，避免一下子全部曝光，也是由"先说先死"的痛苦经验所造成。"要到哪里去？"答案大多是"随便走走"或"没有"。"明天要不要去开会？"总是回答"还不一定"。"今天的会议，有什么结论？"居然也会回答"没有什么特别的"。听的人很生气，还不是气死活该！

多用心想想：为什么会先说先死？图9-1可供参考。

我们再次提醒，先说先死固然是事实，但是长久以来，不说也死把中国人害得很惨，让人浪费了很多宝贵的时间，也养成不善沟通的坏习惯。我们想好先说先死的道理，赶紧反过来告诉自己：不说也死。

小华回家，不告诉父母明天老师开会，不必做作业。吃过晚饭以后，便一直看电视，把父亲惹火了，问："一个学生，可以不读书，不做作业，一直看电视吗?"

小华这时候才回答:"明天老师要开会,没有交代作业。难得一天这样,多看一会儿电视不可以吗?"

小华年轻不懂事,总认为自己很有道理,回答得理直气壮。殊不知小华如果回答得没有道理,父亲还可以骂他。如今回答得如此有道理,父亲更是下不了台,于是恼羞成怒地说:"好,老师没有指定作业,对不对?来,把课本拿来,我出十个作业题给你做,免得你浪费时光,养成坏习惯。"结果小华哭哭啼啼,做到十点还没有做完。

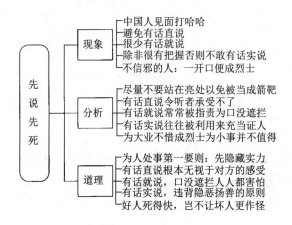

图 9-1 先说先死的道理

部属常常受到上司的指责,然后才说明理由,上司没有面子,不但不肯认错,反而模糊了主题,骂到别的地方去。部属如此自作自受,实在怪不得上司。

访客一直不肯说明来意,主人干脆假装猜不出来。其实心中有数,早已料知对方来意,但是"你自己都舍不得说出来,我为什么要帮你说呢?"似乎也颇有道理。

中国人过分重视"先说先死",以致常常落得"不说也死"。最好的办法,便是发挥中国人高度的智慧,把"先说先死"和"不说也死"这两句十分矛盾的话合在一起,不要分开来看。把矛盾化解掉,便能够走出一条统一的大道。合在一起想，不要顾此失彼，自然有路走！

不说也死的案例应该很多，不妨拿出来自我检视一番。图 9-2 的分析，同样可供参考。

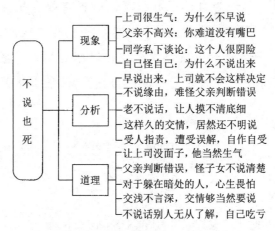

图 9-2　不说的可怕后果

先说先死和不说也死，构成沟通的两难。我们既然明白说也不好、不说也不好的困境，便应该设法加以突破。换句话说，最好能够"说到不死"。

第二节　最好能确保"说到不死"

沟通的最佳状态，说起来就是"说到不死"。怎么说都不会死，当然是最有效的沟通。

甲、乙、丙三人在一起谈天，甲问乙："听说你要高升？"乙连忙回答："没有这回事，从来没有人向我提起过。"

甲走开以后，乙向丙说："我们是老朋友，我不能不向你报告，上级向我提起，要我接经理的位置，我还在考虑中，不知道你觉得怎么样才好？"

乙并没有扯谎，他只是和甲的交情尚浅，不便一下子说出真实的情况，并没有欺骗的意思。

但是，凭乙和丙的交情，如果不说明真相，势必引起丙的猜疑："难道看不起我这个朋友，连我都不敢讲真话？"为了这种事情得罪了一位朋友，甚至失去了这一位朋友，那才是真的损失惨重。

乙在"先说先死"和"不说也死"这两个上、下限之间，对甲选择"保密到家，以免先说先死"的策略，而对丙则采取"私下透露，以免不说也死"的方式，以求"说到不死"的程度。对不同的人，采取不一样的态度，说不相同的话。

表面上中国人骗来骗去，实际上我们最厌恶欺骗的行为。我们只是"看人说话"，机动调整而已，绝对不可以存心骗人。许多人始终看不懂，才觉得中国人骗来骗去，我们不要上当才好。有品质管制的观念，把先说先死和不说也死分别看成品质管制的上下限，对不同的人，当然需要说不一样的话。话变来变去，并不代表骗来骗去。

对合适的人，说合适的话，原本是为了保持说话的品质，应该做到合理变化。

换句话说，我们把"先说先死"看成沟通的上限，而把"不说也死"当作沟通的下限，按照品质管制的概念，在上限和下限之间，做出合理的调节，以求适人、适时、适地，便能够"说到不死"，如图9-3。

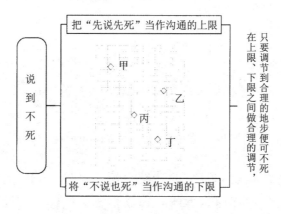

图9-3 严格控制沟通的良好品质

不过，再怎样说到不死，如果不能够达成沟通的目标，也不算有效。

沟通的四大目标，如图9-4。

"这件古董十分名贵，难得见到。我多年来一直想亲眼看看，始终没有机会，想不到今天有此荣幸。我家里也有一个小的，当然比不上这件。不过，如果能大驾光临寒舍的话，我也十分乐意拿出来请教请教。"

这一番话，从这件古董十分名贵，以说明事物开始。经过表达"多年来一直想亲眼看看"的感情，借着"我家里也有一个小的"来建立"同好"的关系，以进行"邀约大驾光临寒舍"的企图。

沟通应该有预期的目标，然而不适宜一开始便说出来，比较符合"先隐藏起来，再合理表露"的原则。

以事物作为沟通的桥梁，不但具体，而且不致引起对方的怀疑。中国人警觉性普遍相当高，所以显得十分多疑。任何话一出口，对方大多不会"就听到的话来判断"，反而多半"在听到的话之外去猜测用意"。弦外之音，往往比说出来的话更重要。

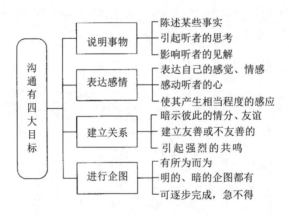

图9-4 务必要求自己达成沟通的目标

表达感情的目的，在引起双方的情感交流，产生共鸣，比较容易建立友善的关系。只要关系良好，一开口对方就不容易拒绝，比较有把握达成企图。

尚未引起情感交流，马上表达企图，很容易被拒绝。由情（引起情感的交流）入理（双方互动找出共同的道理）应该有利于良好的沟通。情感未充分交流之前，各人有各人的立场，也有各自的想法，当然不容易沟通。不如在沟通之前，先让彼此的情感作一番交流。大家的情绪稳定，再来沟通，效果应该更为理想。

第三节　对方听得进去才不会死

先说先死，当然也有例外。因为有时候先说反而先赢，使对方先入为主，以致听不进以后的人所说的话。

说得对方听得进去，先说也不会死。但是，这种情况属于可遇不可求。因为对方的变数很多，甚至谁也没有把握能够让对方百分之一百的听得进去，所以我们还是把先说先死看成通则，而把先说先赢视为例外。

某甲有一个好点子，向上司建议之后，并没有被采纳。某甲因此向某乙抱怨，上司没有判断力，连这种好点子都看不出来。

某乙背着某甲，向上司提出同样的点子。上司欣然接受，还夸奖某乙很用心替公司设想。

某甲的沟通技巧不良，说了半天，上司根本听不进去。对于听不进去的东西，当然不可能进一步研判它的优劣。所以某甲提出好点子，上司并不采纳。听都听不进去，怎么可能采纳呢？某甲最好反省自己，力求改善，而不必怪责上司。

某乙比较懂得沟通的原则和技巧，知道第一句话非常重要，如果第一句话不能打动对方的心，无论怎样良好的点子，对方就是听不进去，不可能产生预期的效果。

听得进去，对方也才乐于接受。就算不马上做决定，至少也不会排斥或拒绝，总算有机会，可以再接再厉。

安全沟通的要领，在先要避免"先说先死"，然后再提醒自己"不说照样会死"，于是用心模拟，寻找可以打动对方心理的第一句话，务求能够顺利地完成沟通的任务。第一句话不能打动听者的心，恐怕就要沟而不通了。

让对方听得进去，是沟通的第一步。只有听得进去，才有沟而能通的可能。

听得进去，才有互动的可能。根本听不进去，说了半天，还不是白讲？许多人沟而不通，便是对方一句话也听不进去，自己说得再对，又有什么用？

对方听得进去，是良好沟通的第一步。所以开口之前，必须谨慎，以免徒劳无功，如图9-5。

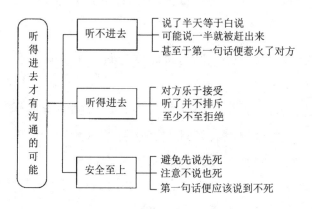

图9-5　必须设法让对方听得进去

当对方听不进去的时候，我们宁可暂时不说，也不要逼死自己。能拖即拖，并非完全没有道理。运用得合理，也是一种有效的沟通方式。

"我们就这么决定，跟他好好商量，尽量在和谐的气氛中商量出一个双方都能够接受的结果。"

有了这样的共识，老王、小李和小朱三人，在老王的率领下，来到龚氏集团，要进行协商。

老王一向稳重，脾气也相当好。没想到和龚家的人一番商谈，却大声地咆哮起来，弄得小李、小朱不得不居于一致向外的原则，也跟着发起火来。

离开龚氏集团，老王心平气和地向小李、小朱解释："我们原先决定好好商量的，想不到他们如此目中无人，不立即还以颜色，将来不被他们吃定才怪，所以我来不及跟二位商议，便大声嚷嚷，实在很抱歉。"

明明说好如此，结果却临时变卦。决定不急于一时的事情，忽然变成十万火急，非立即办理不可。说到一半忽然打住，任凭怎么提示，他就是不再提及。

说话的时候，必须时时提高警觉，不要逼死自己，把自己逼进死胡同里，动弹不得。

具有先说先死的心理准备，同时兼顾不说也死。既不固执地先说，也不固执地不说，应该说才说，不应该说不说，务求说到不死。所以说的时候，宁可拖延一下，也不能够逼死自己。现代人最大的缺点，在急急忙忙要开口说话，几乎忘记了古人的警语："不说话没有人把你当哑巴！"急什么呢？说得那么快，像连珠炮一样，谁想听？

多说无益，不如不说。不说的时候，要用心思虑，怎样才说得通。

常用的方式，如图9-6。

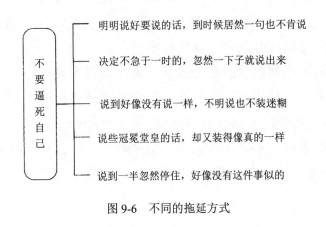

图9-6　不同的拖延方式

✍ 我们的建议

一、口没遮拦的人,大家都害怕。然而口没遮拦和有话就说、有话直说看起来十分相像。所以当我们想要有话就说、有话直说的时候,必须设法避免口没遮拦,以免令人避之唯恐不及。用口没遮拦的方式来沟通,是行不通的。不但沟而不通,而且影响到以后的沟通。

二、沟通之前,最好记取先说先死的教训,更应该反过来警惕不说也死。把先说先死和不说也死当作沟通的上下限,想办法在其中寻找合理的平衡点,以求说到不死。我们相信,只要调节到合理的地步,便能够说到不死。不要困惑于中国人骗来骗去的肤浅看法,我们"见人说人话,见鬼说鬼话",不过是"看人说话",机动加以调整,不可以存心欺骗,以免对不起自己。

三、不必避讳,沟通的目的在达成某种企图,否则就成为聊天。但是,率直地把企图表露出来,很难为对方所接受。我们通常会假借说明某种事物,测试对方的反应,再进而表达相当的感情,建立有利于进行企图的关系,不应该把这种过程当作不诚实的表现,才能有效沟通。试试看,原本是一种好方法,叫作"尝试错误"。用在沟通上面,殊有必要,"千万不可忽视"。

📖 自我评量项目

1. 为什么先说先死?有时候也可能先说先赢,不是吗?

2. 为什么不说也死?难道我们没有不说话的自由?

3. 为什么沟通是一种两难?您的感想如何?

4. 什么叫作说到不死?请举例说明。

5. 怎样才能够说到不死?

6. 为什么讲话要讲到对方听得进去?难道要存心讨好对方?

7. 您对听不听得进去,有什么感想?

8. 为什么多说无益时不如不说,难道不是不说也死吗?

9. 您对口没遮拦的感想如何?

第十章　沟通的三种层次

沟而不通、沟而能通，以及不沟而通。
分别代表沟通的三种层次，各有不同特性。

沟而不通，花费许多时间和精力却收不到效果。
理论上已经不算沟通，充其量只能算有名无实。

沟而能通，表示水沟里的水畅通无阻。
大家在和谐气氛中，畅所欲言而且互相了解。

中国人做人做事，力求圆满、圆融、圆通。
必须提升到相当艺术的层次，才可能沟而能通。

不沟而通，实在是少数人特有的默契。
一般人想要不沟而通，恐怕很不容易做到。

避免沟而不通，力求沟而能通。
至于不沟而通，可遇不可求，随缘最好。

第十章　沟通的三种层次

📖 学习目标

详读本章，学习者应能达到下列目标：

1. 了解沟通的三种层次，并能逐渐自我提升。

2. 明了三种沟通层次的特性，并且能在日常沟通中，用心加以体会。

3. 知道沟而不通的三大难题，并能在日常沟通中，力求破解。

4. 明白沟而能通的三种情况，并能在日常沟通中，多观察、多体验。

5. 明了沟而能通的要件，并能在日常沟通中，多加应用。

6. 欣赏不沟而通的默契，并能在日常沟通中，多加体会。

第一节 沟而不通

沟而不通的现象，无论当事人开口说话，或者闭嘴不说，都普遍存在。说或不说，都可能沟而不通，如图10-1。

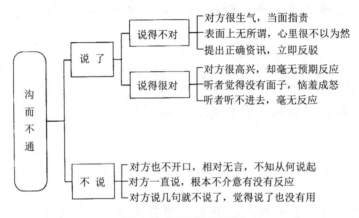

图 10-1　沟而不通的现象

开口说话，有说得不对，也有说得很对的时候。说得不对，听的人可能很生气，当面加以指责。也可能表面上装成无所谓的样子，心里却十分不以为然。当然，也可以提出正确的信息，马上加以反驳，使说的人简直下不了台。这些情况，都是沟而不通的常见现象。

说得很对的时候，实际上也相当危险。对方很可能因为我们说得很对，而觉得没有面子；不是觉得他自己不对，便是认为我们把他当作傻瓜，连这些都不懂。我们说得愈对，他愈觉得没有面子，岂不糟糕？对方觉得没有面子，很可能恼羞成怒，以致蛮不讲理，当然沟而不通。修养好一些的人，表现出听不进去的样子，毫无反应。再好一些的人，表现得很高兴，却毫无预期的反应，同样是沟而不通。

闭嘴不说呢？对方如果看到我们不开口，也来个相应不理，这时候的相对两无言，完全没有脉脉含情的气氛，根本就是不知从何说起，当然沟而不通。就算对方一直开口说话，若是不在乎我们有没有反应，或者把他想要说的话说完了，就不再说下去，好像再说也没有什么用，岂不是同样的沟而不通？

说不说话，其实并不重要。要不要说，也不成问题。重要的是：怎么说，才不会沟而不通！

沟而不通，相当于没有沟通。浪费时间是小事，影响到以后的沟通，那才是大事。

沟而不通，主要有下述三种原因：

首先，对方听不进去。前面已经说过，中国人听话，通常并不注意对方说了些什么，却相当注重对方怎么讲？

讲些什么，牵涉到说话的内容。必须听得进去之后，才会进一步思考、分析所说的主题。而怎么讲则表现出说话的人，到底和听话的人呈现出什么样的关系？也就是居于什么样的立场来说话，成为听不听得进去的关键。

说话的人，和听话的人保持相同的立场，也就是呈现同路人的关系，听的人才肯放心地听下去。

其次，把对方惹火了。中国人普遍十分讲理，但是生气的时候，却又十分不讲理。不小心，一句话把听的人惹得火气很大，当然沟而不通。

中国人的情绪，说起来十分有趣。由于警觉性很高，所以怀疑心很重，因此情绪的起伏很大。往往一句话听得不顺，就会想得很多。而且愈想愈多，也愈想愈火。以"你把我惹火了，我当然不讲理"为借口，干脆蛮不讲理。看你有什么本事，可以和我沟通？

唯有小心翼翼，步步为营，一句话都不能讲错，不把对方惹火，才能顺利沟通。

最后，对方故意气我们。有时候为了拖延时间，或者变更行程，甚至于存心考验。对方会采取故意无理取闹的立场，弄得沟通难以顺畅，造成沟而不通的困境。

必须用心体会，善于化解，才能有惊无险，如图10-2。

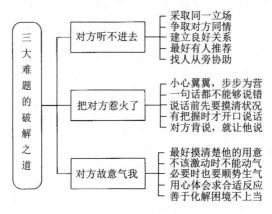

图 10-2　沟而不通的化解

第二节　沟而能通

张三说话，李四听得很高兴。两人谈得投机，好像没有什么禁忌，什么都可以谈，怎样说都可以。

只要关系够、交情深，而且场合适宜，换句话说，人、时、地、事都合理，中国人照样能够有话直说、有话实说，不但彼此畅快，而且效果良好。

关系够不够，自己心中有数。关系够的人，交情未必深厚。也许平日少往来，亲戚的交情反而不如挚友那样深厚。关系够、交情深，若是场合不对，也不能直言、说实话。因为在那种场合，怎样可以如此？照样成为不欢而散的理由之一，不可不特别谨慎。

关系、交情、场合都对，听者当然听得进去。

听的人很有诚意，不管说的人如何唐突、冒犯、无礼，都能够心平气和地合理响应，一副大人不记小人过的涵养，百无禁忌。如果双方都能够有诚意、能包容、不计较，当然沟而能通，一点障碍都没有。

还有，对方觉得很有面子的时候，大多比较容易沟通。中国人普遍"在有面子的情况下，自己约束自己，要讲道理，以免被人家瞧不起"。我们经常听到"给他那么大的面子，还不知道自己讲理，实在不要脸"的评语，可见身为中国人，必须谨记"愈有面子，愈要讲理"。大家都有面子的时候，彼此都讲理，当然沟而能通。努力做到上述关系够、交情深、场合对、有诚意、能包容、不计较，大家有面子。沟而能通的情况，自然显现。

沟而能通的情况，如图10-3。

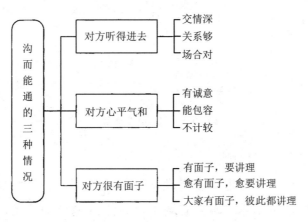

图10-3　沟而能通的情况

沟通，原本就应该沟而能通。但是，事实上沟而不通的情况，到处可见。究竟是哪一方的错误呢？

我们如果把目标指向听话的人，指责他为什么不好好聆听？为什么不理性地回应？为什么不直接把心中的感受说出来？为什么……？我们可以提出很多质问，而结果却等于零。因为再多的抱怨，也无济于事。听话的人，不会由于说话者的抱怨、指责而改变他的态度。

最好把方向掉转过来，反求诸己，调整说话者的态度，比较容易沟而能通。调整的主要原则，有如图10-4所述。

首先，妥当性大于真实性。

说话的时候，务必提醒自己，说妥当话而不一定说真实话。同样一句话，说得妥当一些，对方比较容易接受。说得十分真实，对方往往受不了，反而听不进去。

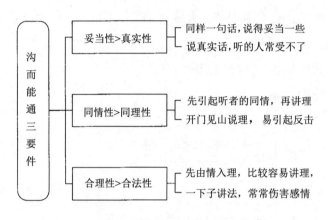

图 10-4　沟而能通的要件

其次，同情性大于同理性。

先引起对方的同情，再进一步讲理，通常比较有效。开门见山，一下子就讲道理，常常引起对方的反感。两人立场不一致，愈说愈动肝火，当然沟而不通。

最后，合理性大于合法性。

中国人除非对簿公堂，大多不愿意从法律观点谈事情，因为谈法伤感情，彼此很难沟通。我们的要求比较高，只接受合理的法，不接受不合理的法。因此合理不合理，比合法不合法更为重要。合理的话，成为沟而能通的主要的条件。先由情入理，情理沟不通时，再讲法。

第三节　不沟而通

中国人十分讲究人与人之间的默契，高度的默契，便是不沟而通，是一种难得的沟通美景。

有一次，董事长主持会议，由于他十分重视这次会议的品质，因而对上级贵宾喜不喜欢打开窗户，非常介意。

打开窗户，恐怕外面的噪杂声音会传进来，使得上级贵宾不耐烦。关闭窗户，又怕空气不够流通，影响上级贵宾的情绪。只要窗户的开启或关闭，不合上级贵宾的意思，就可能降低会议的成果，所以主持人十分介意。

当时的状况，如图10-5。

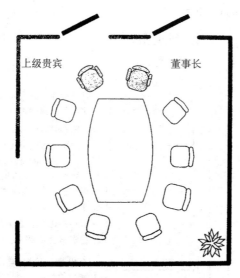

图 10-5　董事长关心窗户的开闭

他没有办法直接请问上级贵宾，要不要把窗户关起来，或者让它打开，因为问了等于白问，上级贵宾大多这样回答："随便，都可以。"

上级贵宾并不是没有主见，也不完全是客气。而是一旦回答得太肯定，大家就会传话出去："好官僚，一定要把窗户关上，根本不管大家的感受。人那么多，还要关窗户，真不知道怎么想的。"或者"官僚十足，董事长问他要不要关上窗户，他毫不客气地下命令：不用。打官腔打惯了，对谁都改不了，真是可怕"。无论怎样回答，对上级贵宾都很不利。

董事长不用请问上级贵宾，他有一位默契良好的干部某甲，可以轻松地帮忙解决这个问题。

董事长只要用眼睛看着某甲,某甲就会自行思索:"有什么事情要我做呢?"他知道此时此地不宜发问,其实也用不着开口。看看周遭的事物,想想可能的状况,某甲很快就体会出董事长的用意,站起来,走过去把窗户关好。上级贵宾由于不是出自董事长的指示,才敢告诉某甲:"不要关,开着比较好。"某甲回答:"对,对,开着空气更流通。"把董事长心中的疑虑,一扫而空。某甲和董事长之间的不沟而通,确实有效而快速。

不沟而通,固然十分困难,却也不是毫无章法可循。相信按照下述三大要领,必能收到愈来愈好的效果,如图10-6所示。

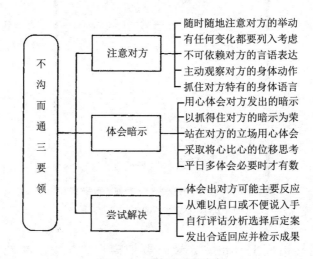

图10-6 不沟而通的奥妙

首先,要注意对方。毫不关心对方,不注意观察对方的举动,当然无法不沟而通。平日养成良好习惯,随时随地注意对方的举动。不依赖对方的言语表达,却主动地捕捉对方的肢体语言。不讨好对方,也不炫耀自己的能力。我们所要做的事,只是将心比心,透过心与心感应的能量传输,使对方的心意,能够畅通地传过来。

其次,用心体会对方所发出的无声讯息。

站在对方的立场,想想看他有什么不方便说的话,不好启口的事情,或者说出来可能引起若干后遗症的地方，采取将心比心的位移思考，把自己当作对方，想想看他所希望我们做出来的反应，究竟是什么？平时多多体会，必要时才掌握得准。抱着以抓得住对方的立场为荣的心态，锻炼自己的推测能力，务求精准。

最后，寻找若干可供使用的方案，择优而行。

瞄准对方的需求，模拟出若干可能的方案，再依对方的立场和行事风格，评估、分析、选择其中最合适的，当作定案。以尝试错误的心情，先试试看，对，最好；不合适，再行调整，以求获得合理回应，良好效果为努力目标。若是效果良好，便是不沟而通，皆大欢喜。

以上三要领，用心的程度愈深，效果必然愈好。我们常听说：努力没有用，用心才要紧，从这里可以获得证明。

努力可能产生很多种不同的结果，包括好的，也有一些不好的。例如努力浪费资源、努力制造纠纷、努力散布谣言，当然是不好的现象。

用心就不一样，一个人用心的时候，应该是凭良心在做事，否则就谈不上用心。既然凭良心，就不可能做出不好的事情，所以凡事用心，大家才能够安心。

✍ 我们的建议

一、不要抱怨，责怪对方，把沟而不通的责任，推给对方。因为这样一来，自己不可能成长、进步，对方也不会改变。如果长久地沟而不通，使双方更加丧失信心，对以后的沟通，只有坏处而无好处。我们必须把方向转过来，反求诸己。从自己这一方面来调整，务求沟而能通。只要自己调整得宜，沟通并不困难。让对方听得进去，不要惹火对方，应该是首先要注意的事项。

二、中国人说话，妥当性大于真实性。我们不能扯谎，欺骗是一种不好的行为。然而说真实话，有很多人会承受不了。每一次说实话，总会惹出一些祸端，留下许多后遗症。不扯谎，也不说实在话。说一些妥当话，大家都愉快。等到大家心平气和，充分沟通，心领神会之后，自然水落石出，大家都明白真实的情况。

三、不沟而通，事实上只存在于少数具有良好默契的熟人。彼此相处既久，互相了解，而且愿意交心，做深度的配合。人生至此，堪称知己了。不沟而通固然十分难得，珍惜这一份情谊，尤为重要。增强双方的互信，加重彼此的互助，可能促成更多的人，愿意对不沟而通投入更多的心力，形成一种良好的互动气氛，有助于团队精神的提升。人生知己不多，若是过一段时期便翻脸，又算得了什么知己？

📖 自我评量项目

1. 什么叫作沟而不通？

2. 什么叫作沟而能通？

3. 什么叫作不沟而通？

4. 沟而不通，有哪三大难题，要如何破解？

5. 沟而能通，有哪些要件，要点为何？

6. 不沟而通，有哪些要领，如何加以应用？

7. 为什么努力没有用，用心才要紧？

8. 您对于默契，有什么看法？

9. 您认为沟而能通，可以得到什么样的效果？

10. 为什么常常沟而不通，您会怎样处置？

第十一章　沟通的基本架构

先说先死，不说也死，构成沟通的两难。
说也不好，不说也不好，令人觉得左右为难。

站在两难的出发点来沟通，比较容易慎始。
一开始就说得合理有效，总比后悔、补救要好。

两难怎么突破，不要二选一，最好二合一。
二合一就是兼顾，用兼顾来突破两难，最安全。

兼顾的意思，是多方思虑，想得周到一些。
但是再怎么兼顾，也很难做到面面俱到的地步。

有时间多想一些，也将临时出现的变数纳入思虑。
然而时间已经逼近，非做决定不可，就不可以再拖。

这时候合理做出决定，做出合理的决策。
应该是怎么说、说什么，说到什么程度的最佳指引。

第十一章　沟通的基本架构

📖 学习目标

详读本章，学习者应能达到下列目标：

1. 了解沟通的基本架构，并能在日常沟通中，加以应用。

2. 明白两难是沟通的出发点，并能在日常生活中，养成慎始的沟通习惯。

3. 知道两难必须用兼顾来突破，并能在日常沟通中，实际加以应用。

4. 明了兼顾的特性，再二合一，并能在日常沟通中，力求摆脱二选一的陷阱。

5. 掌握兼顾到合理的要领，并能在日常沟通中，多加体验。

6. 明辨合理与不合理的沟通效果，并能在日常沟通中，用心体会。

第一节　两难是出发点

中国社会，先说先死的案例太多，不说也死的故事也不少，构成沟通的两难，如图 11-1。

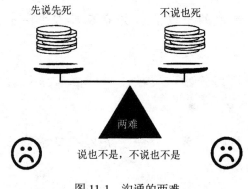

图 11-1　沟通的两难

长久以来，大家见面不说正经话，却东拉西扯，说一些不着边际的废话，一直成为大家指责的对象。什么浪费时间、缺乏时间观念、不负责任，生怕把自己扯进去等不好听的话，都说完骂尽，却仍然不能改变中国人的说话习惯。主要原因，即在先说先死的教训，令人印象十分深刻，不敢轻易向它提出挑战，以免自己身陷不测。

不幸的是，中国人大多知道"先说先死"，却很少考虑到"不说也死"，尽管大家推来推去，谁都不愿意先说，结果仍然同归于尽。因为大家都不说，就无法沟通，还是不能解决问题。大家都害怕先说先死，结果谁也不愿意先开口说话，当然造成无法沟通的困境。怪来怪去，大家都有错。

"先说先死""不说也死"要连接在一起，构成两难状态，才会提醒我们设法突破。中国人最善于"兼顾"，便是一方面想到"先说先死"，一方面避免"不说也死"，因而走出一条"说到不死"的坦途。

"说到不死"，其实就是"说到合理的地步"。合理地表达，包括"合理的说"

和"合理的不说"两大部分。"合理的说"又区分"合理的先说"与"合理的后说",加上"合理的不说",妥善配合,便可以"说到不死"。

从现在开始,不要把"说"或"不说"分开来看,任凭选择其一,大多死得很惨。不如发挥阴阳思维方式,把"说"与"不说"合在一起想,也就是以"两难"为出发点,站在"说也不是,不说也不是"的立场来充分思考,比较安全、妥当。

两难必须设法加以突破,如图 11-2。

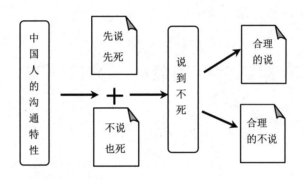

图 11-2　两难必须突破

事实说明,先说的人处于十分不利的情况。说得不清楚,对方怀疑我们的诚意,影响彼此的沟通;说得很清楚,便容易表现出自己的立场、态度和观点,甚至暴露出自己的企图,一方面使对方易于调整步调,站在更有利的立足点,一方面也使对方充分了解我们,进而掌握了我们的动向。

中国人很注意形势的变化,先说的人等于站在明处,显形之后不容易改变,无形中帮助对方更加了解我们的处境,对于"知己知彼、创造形势"来说,先开口的人,通常比较吃亏。

有些人根本看不出自己所先说出来的话,已经受到曲解和利用,也就是不觉得自己已经死了,他便好像不死。

有些人抱着不怕死的心态,反正我就是要先说,看你把我怎么办?这种人大家怕他,虽然先说,似乎也不会死。事实则是比死更可怕,在大家心目当中"虽生犹死"。

还有一些人,由于形势对他有利,或者大家对他相当信服,当然可以先说。彼此关系密切,利害攸关,或者交情深厚,不会引起无谓的怀疑,也可以先说。如果情况危急,或者准备孤注一掷,可以先说。

先说先死并不表示绝对不能先说,而是提醒我们,要有条件地先说。衡情论理,先说可能不死的时候,便要当仁不让,站出来抢先发表自己的意见。

唯有不求死也不怕死,才能冷静地有所突破,在两难中说到不死,也就是合理的说与合理的不说,兼顾并重。

第二节　用兼顾来突破两难

突破两难的方式,最好是兼顾,如图11-3。

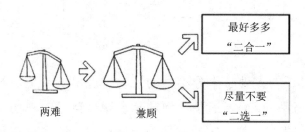

图11-3　突破两难的方式是兼顾

先说先死,不说也死,这是两难状态。中国人常常觉得左右为难,说也不是,不说也不是,便是在沟通的过程中,经常出现两难的问题,令人伤脑筋!

善于沟通的人,必须说与不说兼顾,才不会死。"说到好像没有说一样",而又"没有说到好像说一样",这才是真正的中国功夫。不必太早批评这种作风落伍、腐败或者不合时代的潮流,因为先说很可能先死。

说到不会死的程度,才是沟通的最高境界,值得我们花费一些时间去追求。

沟通的理论是一般性的,现实的环境则是特殊性的。书本上的理论,往往不能适应自己所处环境的特殊性,所以我们首先提及先说先死的道理,希望大家都能够说到不死。

希望说到不死,最好的方式,就是兼顾说与不说,而不执着于说或不说。

兼顾的意思,其实就是"二合一",把"说"与"不说"合起来想,既不说,也可不说;既可说,也可不说,一切随机应变,看着办!

抱定"说"或"不说"的主见,决定说,非说不可,打算不说的时候,就是不开口。这种作风,已经陷入"二选一"的困境,无法兼顾了。

尽量不要"二选一",最好多多"二合一",兼顾说与不说,比较容易突破两难状态,而说到不死。

兼顾往往很不容易周到,如图11-4所示,却不能因此而放弃。

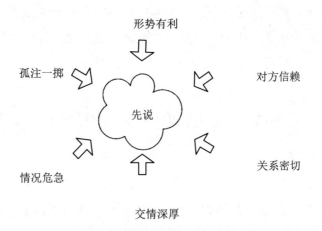

图11-4　兼顾往往很不容易周到

前面说过,先说先死并不表示绝对不能先说。相反地,最好绕过先说先死的圈套,走出说到不死的大道,才算是沟而能通的高手。否则一开口便成烈士,后面还能做什么事?

我们都知道,当形势对我有利、对方十分信服、彼此关系密切、交情相当深厚,加上情况危急,大可以抱着孤注一掷的决心,放胆地先说。这时候表面看似孤注一掷,惊险万分,实际上胸有成竹,一切尽在掌握之中,丝毫没有冒险的成分。

我们必须了解，要兼顾这么多的条件，事实上非常困难。单凭关系够、交情深厚，而又时机良好，已属困难重重，还要情势有利，对方信服，真是十分不容易。中国人一方面要求我们兼顾，一再提示"多多思考不会出差错"，一方面却又警告大家"思虑太多一事无成"，表示不太可能兼顾得面面俱到。但是，我们不能够认为反正无法兼顾得面面俱到，何必那么费心？不如想说就说，大家直来直往。因为如此一来，势必影响沟通的品质和效果，断然不可！

可见，"兼顾"本身，经常也居于一种两难的矛盾状态。不思虑不好，思虑得太多也不好。不兼顾不行，却又实在无法兼顾得齐全。

怎么突破这种兼顾的两难呢？当然还是把"兼顾"和"无法兼顾"合起来想，告诉自己必须兼顾，也让自己明白不容易兼顾得周到的困难。于是"能兼顾多少算多少"、"兼顾到差不多就算了"这一类的想法又出现了。其实，这中间有一样十分重要的因素，我们马上要把它说出来，请看第三节便知！

第三节　最好兼顾到合理的地步

兼顾到什么程度？有一个十分重要的因素，那就是"时间"。有时间，为什么不可以多考虑一些，更能够兼顾得周全一些？没有时间了，马上要有所决定，当然时不我待，不能再拖，这时候就不能考虑那么多了。

时间一到，马上停止考虑。到目前为止，所考虑的诸多方案之中，哪一样最为合理？这个"此时此地最合理"的方案，把它决定下来，称为定案。

中国人在"能拖即拖"之余，必须"当机立断"。可惜一般人只看到"能拖即拖"，完全不理会"当机立断"，以致把时间都耽误了，令人觉得缺乏时间观念，常常造成不能及时解决问题的恶果。

能拖就拖，必须受到时间的限制。也就是在时间许可的范围内，才能够拖延。时间不许可，就应该当机立断，不能再拖。可见"时间"因素，对决策者而言，十分重要。沟通的时候，所能够使用的时间，实际上也非常要紧。不能够不兼顾，也不可以为了思虑而耽误了时间，反而误了正事。

"两难""兼顾""合理"，成为沟通的六字诀，先站在两难的出发点，尽量不要匆促地立即反应。有时间多兼顾一些，考虑各种可能的变数。时间一到，依当时所找到的几个方案中，把最合理的那一个挑出来，当作定案，用以进行沟通，应该是有效的方式。

合理解决，是沟通的选择标准。凡事求合理，比较容易沟通。如图11-5。

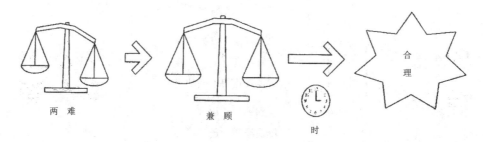

图11-5　沟通的六字诀

说到不死的程度，其实就是说得合理。凡是说得合理的人，大概可以不死。就算不幸真的死了，也相当光荣，因为大家都会感念他的慷慨金言。

但是，合理不合理，实在很难讲。我认为合理的，别人未必同意，这才是沟通的最困难点。

孔子的建议是："可以和他说话而不和他说，是错过了好人；不可以和他说话而和他说，乃是白费言语。"我们不妨反省一下，是不是经常失言？而又常常失人？

沟通的先决条件，在不失言也不失人。同时兼顾"不错过好人"与"不白费言语"，便能达到合理的地步。

遇到应该先说的人，当然要先说。遇到不应该说的人，必然要不说。说或不说，先说或后说，必须合理，才是不死之道，如图11-6所示。

理不易明，道理很难讲，不容易说得清楚明白，这是寻求合理的难处。加上理会变动，也就是随时空而呈现不同的道理，有时候说得好好的，时间一变动，就会变卦，令人把握不住。我们常常说合理就好，似乎很容易的样子，但是真正追究起来，才发现公有公的理，婆也有婆的理，不容易获得共识。依据经验，自己说的道理总觉得比较有理。所以合理不合理，让当事人自己说，要比我们说老半天，要有效得多。让他先说，他自己说的算数，应该是对我们有利的方式。可惜许多人爱争着先说，存心说服别人，结果徒劳无功，还责怪别人。

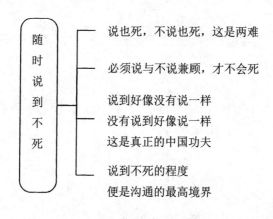

图 11-6　配合时间、空间随机应变

我们的建议

一、心中存有"先说先死"的戒惧,比较容易做到"慎言"的地步。祸从口出,言多必失,最好抱持谨慎的态度。

二、如果心中时刻存有"先说先死"的念头,很容易"什么都不说",构成沟通的莫大障碍。因此"不说也死",乃是提醒自己不可不说的一大警语。想到先说先死,马上要想起不说也死,才不致有所偏失。

三、两难固然是事实,突破也是无可逃避的必要举动。兼顾说与不说,衡量先说与后说,才能够使自己进入不死的境界。有时间,多兼顾一切;时间到了,以此时此地最合理的方案,当作定案。

四、先想"可以不对他说吗?"再斟酌"能够对他说吗?",然后才决定如何沟通,应该是比较安全的有效做法。既不失人,又不失言,想想实在不容易,然而,不努力去实现,有成功的可能吗?人不对,不说。事情不对,不应该说。人对了,不能不说。事情对了,说得妥当一些。沟而能通,应当是意料中的事。

📖 自我评量项目

1. 为什么两难是沟通的出发点？

2. 两难要如何突破？

3. 兼顾的真正用意为何？

4. 请举例说明两难如何兼顾？

5. 兼顾到什么程度，才叫作合理？

6. 为什么合理不合理很难讲？

7. 请举例说明什么叫作合理？

8. 说到不死的用意为何？

9. 怎样才能够说到不死？

10. 请举例说明说到不死的情况？

第十二章　沟通的三大守则

中国人的沟通，经常出现相当可笑的现象：
譬如我说给你听，你千万不要告诉别人才好。

你如果要告诉别人，就不要说是我说的。
若是你告诉别人是我说的，我一定说我没有说。

像这一类的沟通现象，自古以来就不断流传。
相信它必定有相当的道理，不必马上就加以鄙视。

我说的只是给你当作参考，你要自行判断。
你说的一定要负责，不可以害我，以免对不起我。

至于他说的，我们一起来猜测，他有什么用意？
这句话是说给你听的，还是希望你传达给我听？

反正猜来猜去，才能够进一步深入了解真正的用意。
不明言，就是希望大家多费心猜测，彼此都有面子。

📖 学习目标

详读本章，学习者应能达到下列目标：

1. 了解沟通的三大守则，并能在日常沟通中加以应用。

2. 明白我告诉你，请你不要告诉别人的道理，并能在日常生活中实际加以应用。

3. 知道你如果要告诉别人，请不要说是我说的道理，并能在日常沟通中加以应用。

4. 明了你如果告诉别人是我说的，我一定说我没有说的道理，并能在日常生活中加以体会。

5. 养成自己判断的习惯，而不是胡乱传达别人的话。

6. 掌握将信将疑的沟通心态，并能合理加以规范。

第一节 我告诉你这些话请你不要告诉别人

中国人普遍十分重视诚信，对于不诚无信的人，非常厌恶。但是，沟通的时候，却常常要求对方："我告诉你，你千万不要告诉别人。"稍为放宽一些，"如果你一定要告诉别人，那就不要说是我说的"，真的弄得很严重，"你不但告诉别人，而且说是我说的，我一定说我没有说"，用否认来否定你的说词。中国人说这些话，表现这些行为时，根本没有欺骗的感觉。可见它和诚信并没有关系，也就是不属于不诚无信的范围。听起来怪怪的，却具有相当的道理。

先来看"我告诉你，你不要告诉别人"，至少含有多种意思，分析如图12-1。

图 12-1　不要告诉别人的真正原因

归纳起来，至少有三种主要的用意，说明如下。

首先，表示你我关系不同，所以我才告诉你，并且叮咛你不要告诉别人。其他的人和我的关系不如你这样密切，所以我没有告诉他们。既然我采取这样的态度，希望你也要和我同一立场，自己知道就好，用不着告诉其他的人。彼此配合，下一次有什么事情，我才敢放心地告诉你。

其次，我希望你不要告诉别人，当然含有必要时可以告诉别人的意思。不过你要告诉什么人，必须审慎选择，不要选错对象，误了事情，又引起纠纷才好。

最后，要不要告诉别人，其实是你的权利，由你自行决定。我告诉你不要告诉别人，主要用意在提醒你，不可以随便告诉别人。至于要不要告诉别人，告诉哪些人，由你自己决定，反正我说我的，你也不一定会听。

这样，我们才能够了解，为什么中国人听话的态度通常是"你说归你说，我听归我听，我不一定信你的道"。我们相信"道不同，不相为谋"的道理，却又不能禁止人家说出和我们不同道的话，因此采取各自负责的态度，你说你的，我听我的。同道的部分，当然可以听；不同道的部分，也不必制止你说，反正我不听就是了！

既然如此，我的说话态度也逐渐调整为"我说归我说，你要不要相信，或者相信到什么程度，那是你自己的事，必须由你自己判断，同时也自行负责"。

于是，有人说："我听说的，真的假的我不知道。"并不表示说话的人不负责任，或者不肯负责，而是表明"听的人应该自行判断，不要把责任推到我身上"的立场。

有人说："我听不清楚，好像是这样，又好像不是，我也没有把握。"到底说话的人听清楚了没有，其实并不重要，因为就算他听得十分清楚，我们也必须自行判断，看看能不能相信，或者相信到什么程度。

也有人说："当时是这样说的，后来有没有什么变动，我并不知道。"意思同样是"不要把责任推到我的身上。并不是我不负责任，而是听话的人应该自己负起责任，用心判断内容的正确性与变动性"。

听话的人，最好多问一些问题，从双方的互动中掌握讯息的正确性，而不是一味将责任推给说话的人。"都是你说的"，并不能解决问题。

现在我们应该明白，"我告诉你这些话，你不要告诉别人"的真正意思，其实就是"我说归我说，你必须自己用心判断，才能够相信。不可以因为是我说的，你就推卸责任，不用心自行判断"。这种各人负起责任的用意，值得鼓励才对，如图12-2。

图 12-2　我说归我说你要自己判断

第二节　你若要告诉别人就不要说是我说的

至于"你若要告诉别人，就不要说是我说的"，基本上是一种尊重别人的嘱咐，也看重自己的主张。其要点有三，分别说明如下。

首先，你当然可以审慎地选择对象，然后告诉他我所说的事情，就好像我选择你一样。只要关系够，可以放心地告诉他，不必担心产生什么不良的后果。通常我们再保密，也会有一两位非说不可，否则将来可能得罪他们的人。居于这样的考虑，当然不得不告诉他们。我之所以提醒你"不要告诉别人"，是指一般性的别人，并不能严格到包括特殊的人物在内，这样比较合理。

其次，你所审慎选定的对象当中，可能有人是我的亲友。我没有告诉他们，反而由你来转述，他们一定觉得很不愉快，甚至于责怪我不够尊重他们，因而心生怨恨。所以你要告诉他们，不要提起我的名字，也就是不要让他们产生不良的反应。要不要告诉，我充分尊重你所做的决定。但在保密信息来源方面，请你充分尊重我。

最后，你所要告诉的人，告诉到什么地步，既然由你自己决定，也就是经由你自己的判断所做出的决定。所说的内容，当然也是你自己认为可以说的你才会说，因此已经和我说的没有什么关系，所以不必提起我。就把你所要说的，说给他们听就好了。否则听的人把内容和我连在一起，不知道又会产生什么样的作用。万一节外生枝，岂非自找麻烦！

为了更加容易掌握重点，我们把它分析为如图12-3，以供参考。

图12-3　不说出我说的真正原因

我们平心而论，站在说话者的立场，固然是听者必须自行负责，遇有任何问题，不要推到说者的身上。

但是，站在听话者的立场，却刚好相反，希望说话的人必须负起责任，不能够把责任推给听话的人。

"都是你说的，不然我怎么会这样？"意思是我并不是故意犯错，或者能力太差，而是因为你这么说，我又很相信，才弄到如此不堪，罪不在我。

"说话不算数，简直害死人！"发出这种抱怨的人，大多认为自己太老实，以致听信那些不诚无信的人乱说话，这才把事情弄得这么糟糕。因为太相信他的话，所以才被他害死。

说话的人，如果随便一些，不要那么正经；或者声明一下，他是随便说的，不一定要当真。听话的人，可能警觉性高些，用心评估他所说的话，就不致过分相信他。偏偏他说话的样子一本正经，丝毫不像开玩笑。而且说的内容又很有根据，好像真的一样，我们才会相信。事后出现差错，当然忍不住指责他："要不是你这样说，我根本不会相信。"看他如何交代？如图12-4。

图12-4　说话应该算数否则对不起人家

一般而言，说话凭良心，不应该乱说，才是正常的道理。可惜很多人不是这样，常常不凭良心地乱说一场，引起听者的反感，也是人之常情。

不过，就算我们千方百计想把责任推给说话的人，我们是不是应该想想，谁也禁止不了乱说话，把责任推给乱说话的人，又有何用？不如听者自己小心，比较实际。

第三节　如果告诉别人是我说的我一定否认

中国人明明自己说的，却常常加以否认。这样做的时候，居然一点欺骗的感觉都没有，可见与不诚实毫无关系。因为我告诉你的时候，已经提醒你不要告诉别人。你一定要告诉别人，实际上也禁止不了。所以我只要求你，不要说是我告诉你的。现在你不但告诉别人，而且公开信息的来源，明白指出是我说的，那我就加以否认，说我没有说，或者不是这样说。其目的有三，分述如下。

首先，不容许不仁不义的行为一直重现。我告诉你不要说是我说的，你竟然不尊重我，说是我说的，已经不义在先。我郑重否认，明明是我说的，却说我没有说，不过是不仁在后。以不仁回应不义，用意在制止这类不仁不义的情况，持续地发生。因为它终究要破坏你我的感情，摧毁你我的关系。希望你明白，我这样做，并没有欺骗任何人，而是表明态度：像你这样不能配合，以后谁还敢跟你合作？

其次，你告诉别人是我说的，我又弄不清楚你同谁说，当时说了些什么，是怎么说的，只是凭这么一位第三者，指称是我说的，叫我怎么能够承认？按情理说，你如果在场，我可以问清楚整个情况，再判断是不是和我所告诉你的内容相同，而且因人而异做好合适的调整，才来决定承认与否。现在你又不在场，在不容易求证的情况下，先予否认。必要时等查证清楚再来承认，犹未为晚。

最后，一个人的言行，必须由自己承担所有的后果。你既然敢说，就要负责到底，才值得大家信任。现在说了半天，居然把责任推给我，说是我说的，我当然不愿意承担这种责任。

由于这种表现，常常引起很多误解，认为中国人骗来骗去，缺乏诚信的修养。我们再次以图12-5来加以分析，希望大家能够善加体会。

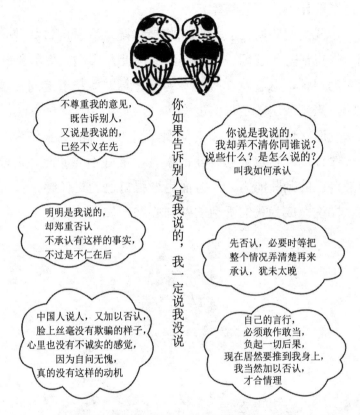

图12-5 不承认自己说过的话并非缺乏诚信

中国人警觉性高，所以怀疑心重，这原本是一体两面的事情。说好听些，就说警觉性高；说得难听一些，当然就是怀疑心很重，发展出一套"防人之心不可无"的"明哲保身"道理，同样应用在沟通上面。

任何人说话，我们多少都有一些"将信"和"将疑"的部分，只是这两部分的比重有所不同而已。

为什么将信将疑呢？因为不怀疑的话，人家欺骗我们，怎么办？还不是自己倒霉，又惹人家笑话。不相信的话，如果人家所说的是真的，岂非自己吃亏？同样被人家嘲笑。所以采取"既不相信,也不怀疑"的态度,经过一番查证、判断、分析,然后才决定相信到什么程度,应该是比较合理而且安全的方式。先将信将疑,再决定信与疑的比重,不能草率。

他所说的话,我说给你听,我们一起将信将疑,看看应该如何合理响应。他是谁?我不说,你也最好不要问,因为不希望因此而影响我们的判断。

偏偏中国人的习惯,总喜欢在听到一句话之后,紧接着追问"谁说的?"许多人依据谁说的,来判断这句话可信度有多高,其实并不是好办法。

当然,无法判断,或者难度很高的问题,用"谁说的"来作为判断的依据实在无可厚非。一般性的,自己能够判断的事宜,最好不要如此。自己依据事实判断,一方面增强自己的判断能力,一方面也增强自己的责任感。

他为什么这样说?成为我们听话的共同心态,如图12-6。

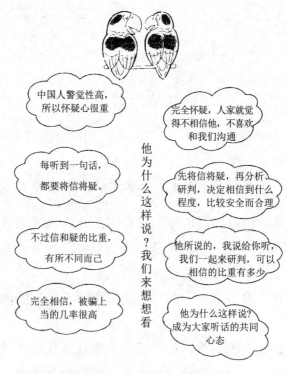

图12-6 我们一起来怀疑他所说的话

第十二章 沟通的三大守则

✎ 我们的建议

一、我告诉你,请你不要告诉别人;如果你一定要告诉别人,务必不要告诉他们是我说的;若是你不尊重我,不按照我所建议的,不但告诉别人,而且说是我告诉你的,那对不起,我就会加以否认,根本不承认是我说的。以往我们不明白它的深一层用意,可能会产生某种程度的反感。现在知道真正的意思,应该加以尊重才好。

二、说话的人,站在自己的立场来叙述,难免有一些主见,带一些成见,或许还会产生一些偏见。听话的人,必须自己评估,做出合理的判断,不应该把责任全部推到说话的人身上。嘴巴上责怪"都是你说的,害死人",心里却应该自己承担"谁叫你相信他,却不用心判断"的过失,反求诸己,好好调整自己听话的心态,才能进步。

三、听话的人,很喜欢问"谁说的",依据什么人说的来判断内容的正确性,这是十分常见却非常不妥当的方式。除非难度很高,不得不如此。一般情况,最好不要管他是谁说的,尽量从内容来加以分析、评估、判断,比较安全而合理。换句话说,我们抱着将信将疑的心态,经过一番判断,才把相信和怀疑的比重确定下来,应该是有效的听话方式。

📖 自我评量项目

1. 沟通有哪三大守则？

2. 为什么我说给您听，您千万不要告诉别人？

3. 为什么您如果告诉别人，就不要说是我说的？

4. 为什么您告诉别人是我说的，我一定说我没有说？

5. 为什么中国人听话，经常将信将疑？

6. 为什么有些人好像说话不算数？

7. 为什么中国人的诚信标准和西方人不一样？

8. 为什么中国人必须维持高度的警觉性？

9. 您会不会怀疑心很重？请举例说明。

10. 您对沟通三大守则，有什么感想？

第十三章　沟通的四大目的

沟通到底是什么？各人的见解未必相同。
因为公说公有理，婆也说婆说的才有理。

我说给你听，是沟通吗？不是沟通吗？
你说给我听，是沟通吗？不是沟通吗？

为什么会你说我不懂，而我说你也不懂呢？
可见沟通除了"沟"之外，还要能够"通"。

"通"什么呢？凭什么来通？
深一层想，原来是"通人我之情"。

"情"一通，万事OK；
但是，千万小心，不要为情所困。

由情入理，情的目的在请求合理。
通情通到合理的地步，才是沟而能通。

📖 学习目标

详读本章，学习者应能达到下列目标：

1. 了解沟通的四大目的，并能在实际沟通中，体会其中的奥妙。

2. 明白沟通不是单纯的说或听，并能在实际沟通中，产生良性的互动。

3. 明辨有所听和有所不听的分界点，并能在日常生活中，实际加以应用。

4. 知道沟通先需要建立合理的关系，并能在日常沟通中，达成此一目的。

5. 能够透过聊天来沟通，并且养成见面先说几句寒暄话的习惯。

6. 掌握通人我之情的道理，并能养成通情达理的良好态度。

第十三章 沟通的四大目的

第一节 沟通不是说来说去

一般人以为人与人之间，彼此互相交谈，你说给我听，我也说给你听，便是沟通。事实上这种情况，可以说是聊天，也可以说是交谈，却未必是沟通。

首先，我们必须认清，沟通并不是说给人听，如图13-1所示。

我说给你听
↓
我说给你听，你未必肯听
我说得很正确，你不一定十分了解
就算真的了解，不保证会采取预期行动
不要存心说给人家听，不可存心说服他人
沟通≠我说给你听
↓

你不一定听得进去

图13-1 沟通不是说给人家听

有人认为：沟通是"我说给你听"。"我"是"发讯人"，而"你"充当"受讯人"；"我"发出一项"讯息"，传送给"你"，"你"收到讯息以后，把它"译解"，然后采取令"我"满意的行动。

但是，"我"说给你听，"你"未必愿意听；就算听了，也不见得"译解"；真正了解"我"的用意，"你"也不一定按照"我"的愿望去实现"你"所了解的讯息。

"我"很热心说给"你"听，并不保证"沟通"的效果良好。"我"很确切说给"你"听，也不能肯定"沟通"的正确性。尤其是有些人，一心想要"说服"

他人，更是误解了"沟通"的真义。

沟通不是片面的"我说给你听"。

越来越多的人，喜欢说话给别人听。好像有机会说话，就不应该放过，以免被大家怀疑不会说话。

老板的感觉应该十分灵敏："以往的员工，了不起有话不说。现在的员工，特别是受过沟通训练以后，变得没有话也乱说。"对付有话不说的员工，固然要花费一些心力，才能够让他们把话说出来。对付这些抓住麦克风不放，没有话也乱说的员工，老板恐怕要更加费心，才能够有效加以制止。

我说给你听，并不是沟通的法宝，过分表现自己，抢着要说话，对沟通没有好处。

喜欢动嘴巴的人，大多不善于动脑筋。话说得多，事情多半做得少。对于爱说话的人，最好特别提高警觉，小心为妙！

孔子说："三人行，必有我师焉。"多听人家的话，可以学习到很多书本上学不到的东西，对自己有很大的助益；因为天下到处皆是学问，一辈子都学不完。

然而，仅仅"你说给我听"，也不算有效的"沟通"，如图13-2。

因为我完全听从你的讯息，我的心里忍不住会嘀咕："为什么？难道我一点主张都不能有？万一你的讯息有一些问题，结果由谁来承担责任？"

如果说是为了"保住饭碗"，我们也会感慨自己"为五斗米折腰"而怨气满腹，于是在行动上自然打了折扣，无法满足预期的要求。

最糟糕的是，你说给我听，我认为听懂了，也愿意去做，结果却证明"原来我听错了"，等于没有沟通。

张开耳朵，听所有的声音，结果是什么声音也听不见。治疗失眠症，这倒是一种好方法。单听一种声音，会被它闹得睡不着觉。扩大范围，尽量去听各种的声音，反而什么都听不到，睡着了。

你说，我洗耳恭听，我可以学到一些东西，却未必有效沟通

你说，为什么老是你说？我听，为什么总是我听

你说，我没有在听；我听，并没有听懂；听懂，不一定照办；还是等于没有沟通

沟通≠你说给我听

图13-2 沟通也不是听人家说

同样的道理，聆听每一个人的话，或者聆听同一个人所有的话，也等于什么话都没有听进去。

中国人听见一句话，赶紧问："谁说的？"便是以谁说的来做适当的过滤。某甲的话可以听，某乙的话就不必听。同样一个人，所说的话，有些部分可以听，有些部分根本不能听。一味听人家说的话，也不算沟通。

有所听，也应该有所不听。把听和不听合在一起，不分开来看，才是会听话的人。

第二节 沟通要用心建立关系

沟通是人与人之间传达思想、观念或交换情报、讯息的过程，它是人我之间的意见交流，等于"你说给我听"加上"我说给你听"，以求得相互了解，并且彼此达成某种程度的谅解。缺乏谅解，根本无法沟通。

沟通也可以说是人与人之间，或者组织与组织之间传达思想、意志、观念或

决定的历程，透过讯息的有效交流，以增进彼此的了解，谋求协调，促进共同目标的达成。

整个历程，必须发讯者、受讯者、讯息以及传递讯息的通路等四个要素，都能够有效地协调配合，才能获得良好的沟通。任何一个要素发生问题，都会影响沟通的效果。

受讯者收到并且了解发讯者所发讯息的本意，同时接受或照着去实行，才算完成整个沟通的历程，如图13-3。

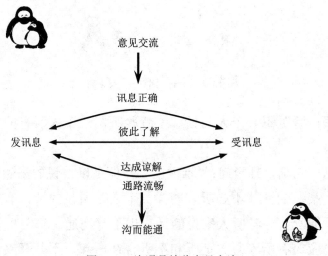

图13-3 沟通是彼此意见交流

我说给你听，或者你说给我听，都属于单向传达，不算沟通。有时候我说给你听，有时候你说给我听，彼此交换意见。而且所说的话，还要有交集。这种双方的意见交流，可以算是初步的沟通。但是，能不能收到预期的效果，仍然需要进一步多加努力。因为你说说，我也说说，有时候说得很愉快，却没有获得任何结果。有时候说得很有内容，事后却没有留下任何痕迹，就好像彼此没有说过什么话似的。充其量只能算是聊天，并不能充分沟通。我们可以透过聊天来进行沟通，却不应该把沟通当作聊天来处理。

以聊天来促进彼此情感的交流，然后伺机导入正题，赶快把握时间，进行必要的沟通,才不致浪费时间,以免养成坏习惯。

沟通是建立彼此之间有意义的关系,并且发展、控制、制衡和维持正常的关系。

人与人之间或组织与组织之间,往往需要建立并且维持密切的关系。以期分工合作,共同完成目标。因此透过经常的沟通,促进彼此的了解,进而建立若干共识,便成为十分重要的历程。

沟通可能建立两种不同的关系:一种是统御式的,使对方接受或屈服;一种则是对称式的,使对方产生相同的反应。这两种关系,其实相辅相成,很少是单独存在的。如图13-4。

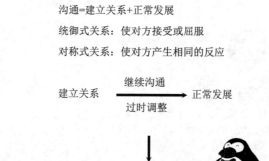

图13-4 沟通是用心建立关系

建立关系之后,仍需继续沟通,以求适时调整,保持正常,所以沟通是持续性的。犹如人体内的血液一样,乃是一种循环不息的历程。

我们原先具有什么关系,譬如亲人、尊长、上司、朋友或其他,都可以使用不同的方式,来建立合适的沟通关系。当然,原先具有的关系,对沟通关系的建立，经常拥有相当程度的影响力。原先是主管与部属，沟通的时候，主管大多倾向于导入统御式的关系，而部属则大多希望出现对称式的关系。这时候双方都应该衡量事物的性质，依沟通所要达成的目的，做出适当的调整。统御式比较有利的时候，部属最好主动配合主管的发号施令，使其觉得具有统治的力量。反过来说，对称式比较容易激发部属的潜力，因此必要时主管应该降低姿态，以符合实际需要。

有变化，不固定，比较容易找到对此一沟通过程有利的方式，以期事半功倍。

第三节　沟通主要有四大目的

如果发讯者是上司，受讯者是部属，或者颠倒过来，那么沟通便成为"通上下之情"的过程，如图13-5。

通上下之情
↓
上司、部属两情不通，就很难沟通
上情不通于下，则人惑；下情不通于上，则有疑
上司怀疑部属，部属就不服从，做起事来，便不尽心尽力
通上下之情，彼此有默契，一切好商量
沟通便是通上下、左右、前后的情
↓
有助于沟通通

图13-5　沟通必须通人我之情

中国人喜欢说"六合"，即为"上下、左右、前后"的意思。沟通当然要上下、左右、前后面面顾及，所谓通上下之情，只是一种代表性的说法，实际上必须通六合之情，才能真正沟而能通。

唐朝名相陆贽，对"下情上传，上情下知"的沟通过程，有很深刻的探讨。

他认为"上情不通于下,则人惑;下情不通于上,则群疑。疑则不纳其诚,惑则不从其令。"如何做到上司不怀疑部属,而部属也不觉得困惑,便有赖于上下之间的两情相通,再推而广之,以求通左右之情、通前后之情,那就是真正的沟通了。

中华文化是世界上罕见的有情文化,主张透过情面来沟通,因而把沟通当作情感交流来处理。经由彼此的通情,进而产生达理的境地。大家通情达理,自然有利于沟通。给他面子,让他自己讲道理。大家都抱持这种心态,对上情下达、下情上传,必有很大的助益。

左右势均力敌,谁也不怕谁,谁也不一定要让谁,更需要透过面子,互相尊重来增进沟通的效果。

沟通之前,先充分考虑相关人员的面子问题。沟通的时候,更处处顾虑对方的面子,在情面上兼顾得宜,沟通起来,必然更加顺利。先通情,再达理,是良好的过程。

总括起来,我们认为沟通有四大目的,如图13-6。兹分别说明如下,以供参考。

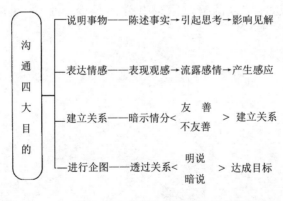

图13-6 沟通主要有四大目的

一、说明事物。由发讯者陈述一些事实,引起受讯者的思考,以便影响收讯者的见解。

二、表达感情。发讯者表露自己的感觉、主观、态度,甚至成见,主要目的在以自己的情感应受讯者的心,使其发生相当程度的感通。

三、建立关系。暗示彼此的情分、友谊,建立友善或不友善的关系。因为不友善的关系有时会引起强烈的共鸣,反而有利于沟通,所谓"请将不如激将",便是一例。

四、进行企图。沟通不可能全无缘由,却是有所为而为,明的暗的,都是为了达到某种企图。但是,不能开门见山的时候,便应该逐步来完成,千万急不得。

这四大目的,通常具有连贯性。先说明事物,把事物当作话题,来表达自己的感情,以引起对方的感应。于是建立友善或不友善的关系,在不知不觉中,完成原先的企图。不过它的次序,有时候可加以变动。譬如先表达感情,使对方十分有面子,然后才说明事物,也是一种良好的沟通方式。关系特殊的人,不妨先把关系说清楚,在感情的交流上获得有利的进展,然后才说明相关的事物,更容易达成企图。比较少见的是,一下子就把企图暴露出来,使大家高度警惕,严加预防,反而达不到预期的企图。隐藏企图,似乎比较有利于达成。

隐藏企图的主要目的,是寻找有利的时机,制造有利的情势,然后才适时进行原先的企图,或者及时加以调整,以求有效,至少更加安全。

✎ 我们的建议

一、沟通不是片面的"你说我听"或"我说你听",最好能够"双向沟通"甚至"多向沟通",所以叫作"意见交流"。必须将必要的情报,迅速而确实地传递给有关的人,并且使受讯者确实了解,进一步据以做出正确的决定,或者采取预期的行动。

二、沟通的最终目标,在使全员达到和谐,并收到最佳的效果。必须经由"说明"、透过"情感"、建立"关系"来进行"企图"。这四种过程,都是沟通的分段目标,不可有所忽视,以免构成障碍。

三、部属没有不愿忠的,上司没有不求理的。但部属总觉得上司不讲理,而上司也常认为部属不忠诚,原因即在两情不通。必须双方拿出诚意,共谋通上下之情,才能化不通为通。依此类推,可以通六合之情,便无所不通了。

四、由情入理,透过"通情"来求"达理",往往更加有效。通情就是彼此尊重,尽量给对方面子,大家情感交流,然后再来寻求合理点,当然更加方便。情能通,理很难达,最好不要开门见山就说理。

📖 自我评量项目

1. 为什么我说给您听,并不算沟通?

2. 为什么您说给我听,也不算沟通?

3. 为什么沟通是通人我之情?

4. 什么叫作意见交流?

5. 用聊天来代替沟通,行得通吗?最好要注意哪些要点?

6. 您比较喜欢建立哪一种沟通关系?为什么?

7. 为什么沟通是用心建立关系?

8. 沟通有哪四大目的?请举例说明。

9. 为什么要隐藏沟通的目的?这样做和阴险、奸诈有什么不同?

10. 怎样才能够通情达理?请举例说明。

第十四章　沟通的三种方式

面对面沟通好不好？很难讲。
当面说不出口，何不写成书面？

书面沟通好不好？很难讲。
写一大堆，他看都不看，又能怎么办？

电话沟通好不好？还是很难讲。
看不见对方，谁知道他有没有在听？

三种方式都不见得好，那该怎么办？
没有更好的办法，只好尽量求其有效。

在不好的立场来做得更好，
这三种方式都可能更加有效。

中国人普遍见面三分情，
面对面口头沟通，应该最有利。

📖 学习目标

详读本章，学习者应能达到下列目标：

1. 了解沟通的三种方式，并能适当地加以选用。

2. 明白口头沟通的要领，并能在日常生活中，实际加以应用。

3. 掌握书面沟通的要领，并能在日常生活中，实际加以应用。

4. 知道电讯沟通的要领，并能在日常生活中，实际加以应用。

5. 能够合理运用电话，使对方乐于沟通。

6. 明了口头和书面的配合使用，并能在日常生活中，实际加以应用。

第一节 口头沟通

沟通的方式,大体分为"口头沟通"和"书面沟通"两大类。口头沟通包括"面对面沟通"与"电话沟通",书面沟通也包括"纸上沟通"与"网络沟通"。如果将电话沟通和网络沟通合称为电讯沟通,那么沟通的方式,可以分为口头沟通、书面沟通和电讯沟通三种方式。

面对面的沟通,优点为亲切而具有弹性,有利于双向沟通,所以比较有效。面对面沟通,可以应用在下列各种情况,如图 14-1。

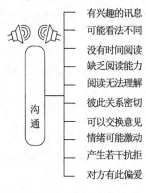

图 14-1 面对面的口头沟通

1. 受讯人很有兴趣获得此类讯息。
2. 受讯人太忙,可能没有时间阅读书面文件。
3. 受讯人可能有不同的意见,甚至于提出批评。
4. 受讯人获得此类讯息时,可能产生相当的抗拒或激烈的反感,而发讯人又必须适当坚持,需要反复加以说明。或者复杂的讯息彼此互相讨论才能真正了解。
5. 彼此关系密切,使用口语沟通比较自然。
6. 受讯人只能聆听,或者偏爱面对面沟通。

我们常说：见面三分情。面对面沟通，彼此的感情，最容易交流。若有一些不如意的地方，也可以立即加以调整。从对方的反应，找出自己的缺点，应该是比较方便的做法。因此重要的事情，最好采取面对面的沟通。就算不是十分要紧，情况许可的话，借着面对面沟通来增进彼此的关系，将来遇到重要的事情，沟通起来，必然更加有效。电讯沟通和面对面沟通毕竟还有一些差距，有时候电讯讲不通，赶紧想办法见见面，以资补救。尽可能当面说，特别是重要的事宜。

一般说起来，凡是和自己切身有关的事情，大多希望亲自以面对面的方式来处理，以期获得比较有利的结果。自己不方便开口，或者情势相当不利的时候，就会委托妥当的人士，作为中介，务求以彼此的情分，来增进沟通的效果。迫不得已时，也要亲自冒险，争取面对面的机会。

面对面沟通的正确性，往往不如书面沟通。必须注意下列要点，以资补救，如图 14-2。

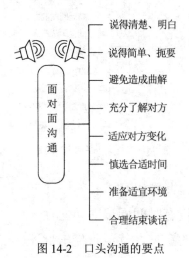

图 14-2 口头沟通的要点

1. 清楚、明白地说。不可吞吞吐吐或者使用意义含糊的词句。声音要适度，让对方听得清楚，以免误解。

2. 简单、扼要地说。不可反反复复，也不能遗漏要点。最好先简单说明要点，再分段说明细节。

3．充分了解对方。越能了解对方的背景和兴趣，越能调整自己的谈话内容和次序来配合，以增强效果。

4．慎选适当时间地点。时间要充足，免得匆促中造成错误，或者无法达成目标；地点要合适，不受干扰或分心。

5．不断观察对方。眼睛自然地看着对方，随机调整自己的声调、语气和姿态，并且适当地结束谈话。

一般人在面对面沟通时，常常造成下述三种缺失，最好能够加以避免。

首先，认为自己的耳朵听得很清楚，却不能提醒自己，语言本身存有若干障碍，使我们很不容易听出说话者的真意。因此必须配合对方的身体语言，以资补助。

其次，不好意思请问听不清楚的部分，以致以讹传讹，传过若干人之后，便错误百出，甚至于完全相反。

最后，强制把自己的意见加在对方身上，造成"当面勉强对方承认"的局面，使当事人十分不愉快。反而增加沟通的困难，影响沟通的效果。

第二节　书面沟通

书面沟通就是文字沟通，优点在于比较正确、详尽，具有权威性，而且容易永久保存。

一般而言，文字沟通在时间、费用方面，都较为经济。适用于下列各种情况，如图14-3。

1．受讯人多，而且愿意花费时间阅读和了解。

2．受讯人分散，不可能集中口头沟通。

3．受讯人需要较长时间，以便充分研究讯息的内容。

4．受讯人需要保留书面的记录，以利查询或当作凭据。

5. 受讯人需要按照一些程序去作业，最好有书面的说明，可以按部就班，随时查阅。

6. 受讯人听力有障碍，不善于口头沟通，或者特别喜欢书面沟通。

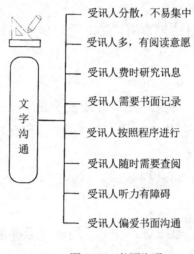

图 14-3　书面沟通

然而，书面沟通也容易造成下列缺失，必须小心预防。

1. 收受者无心阅读，顺手放在桌上或抽屉里，根本不去管它。问起时则以没有收到，或者还没有看为理由，来推卸责任。

2. 不想看的文件，看完可以装成没有看到。

3. 不想配合的文件，可以装成看不懂或者看错了，做出自己想做的动作，却具有相当的理由。

4. 可以用书面来拒绝，比口头拒绝容易得多。若干说不出口的东西，比较容易以书面来表达。

我们在面对面的口头沟通时，经常发现听者对于数字和事实，往往有听不清楚或事后记不清楚，甚至于忘记的情况，所以利用书面资料，来作为口头沟通的补充资料，也是一种常用的方式。

文字沟通最大的障碍，是受讯者不想看、看不懂，或者不予重视。

为了使受讯者想看，必须提高他的阅读兴趣，因此除建立书面讯息的公信力之外，尚需注意下述八点，如图14-4。

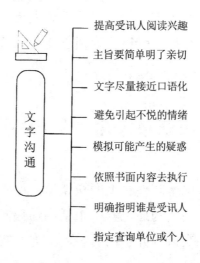

图14-4　书面沟通的八大要点

1．简明的主旨，引人注意的字句。

2．尽量口语化，亲切、活泼，而且清楚、明白。

3．避免令人不悦的措辞，以免引起不良的情绪反应。

4．事先模拟阅读者可能产生的疑惑，适当地在书面中给予解答。

5．依照书面沟通的内容切实执行，增强书面文件的可信度与公信力，使大家自动想看，而又给予相当的重视。

6．必要时指定询问或联系的电话或人员，以利查询。

7．可以明确指明受讯人，然后以电话追踪其是否收到，有无任何困难或意见，使受讯人无从推托。

8　在文件的形式、内容方面，力求趣味化，也可以配合彩色的变化，以吸引受讯人的注意，并增加其阅读兴趣。

有时候把书面沟通和口头沟通配合使用，可以收到很好的效果。特别是内容比较复杂，或者有资料必须作为计算的依据时，通常先口头沟通，再把书面文件交给受讯人。让他听完之后，还可以查阅书面资料，十分方便，也比较正确。

采取口头或书面的方式，主要应该依据受讯人的习惯和事情的性质。不可以随着发讯人的意见，以免产生不良的后果。受讯人喜欢口头的方式，尽量以口头为主，以书面为辅。反过来说，受讯人习惯于使用眼睛，不喜欢用耳朵听，那就应该以书面为主。

第三节 电讯沟通

电讯沟通包括电话、电子邮件、上网交谈等，由于透过电子媒介，所以不算口头沟通，也不完全属于书面沟通。其中电话沟通偏向于口头沟通，电子邮件则偏向于书面沟通。而上网交谈则介乎两者之间，尤其富于隐秘性。甚至可以匿名或化名，以隐藏自己的身份。

电话沟通虽然是口语沟通的一种，但是由于一般电话装置无法看到对方，很难像面对面那样亲切、生动而灵活。所以电话沟通，适用于下列各种情况：

1. 距离远，无法面对面，却又希望尽快获得回馈。
2. 关系够，交情深厚，见不见面都一样，电话沟通既快速又节省时间。
3. 同时和不同地点的人通话，彼此可以会商，交换不同的意见，十分方便。
4. 见面时反而不方便开口的事情，用电话来说明。
5. 暂时不能见面，先以电话联络感情，以利日后的沟通。或者见面会增加对方的麻烦，不便打扰。
6. 便于录音，然后反复聆听以增进了解，或者为了便于存证。

这些电话沟通的方便性，如图14-5所示。

现代社会大家十分忙碌，样样要面对面沟通，事实上相当困难。但是书面沟通，效果经常打很大的折扣。因此电话沟通，越来越方便，也越来越普遍。有事没事，电话沟通一番，成为日常生活上非常便利的沟通方式。特别是紧急联系、临时通知、节日问候、生病关怀、亲友联络等，更是快速而有效。打电话盛行之后，面对面和书面沟通的比例大量减少，甚至成为电话沟通的辅助方式。可见电话沟通，已经日渐普遍，成为各种沟通的主流。

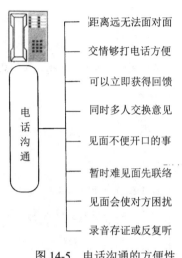

图 14-5　电话沟通的方便性

但是，电话沟通也很容易造成恶劣的结果，诸如：

1．利用电话沟通之名，进行电话聊天，影响工作的效率。

2．占用电话的时间很长，以致外面打不进来，严重影响外界的沟通。

3．利用电话录音，然后剪接成歪曲事实的录音带，进行不正当的行为。

电子邮件十分方便，却由于个人的使用习惯不同，造成不一样的后果。有些人借口事后才看见，作为推卸责任的手段，也是防不胜防。

至于上网交谈，情况更是复杂多变化，迄今尚未形成一套完整的控制系统，尤其是毫无伦理可言，亟待大家的努力，以资匡正。

以电话沟通为例，虽然方便，仍然应该时时小心为要，如图 14-6。

中国人重视见面三分情，面对面沟通的效果显然较好。但是商业社会，有时见面并不容易，只好利用电话。这时应该注意下列八个要点：

1．养成良好的电话礼貌，使对方乐于沟通。

2．态度诚恳真挚，不要矫揉造作，可以补充不能见面的情分。

3．事先列出要点，以免匆忙中有所遗漏。
4．报明自己是谁，让对方充分明了电话沟通的对象。
5．尽可能使用自然悦耳的声音，切忌装腔作势。
6．适当称呼对方，增进彼此的关系。
7．通话中必须暂离或打断，应该向对方说明理由。
8．对方谈话的要点，必要时可以重复说一遍，以免错误。

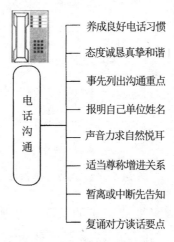

图 14-6 小心使用电话沟通

除此之外，最要紧的莫过于不要让对方听见自己挂断电话的声音。相信被人挂过电话的人，对那种声音都很不乐意听到。很多人喜欢一说完电话，便马上挂断。固然可以缩短时间、减少一些费用，却很容易让电话那一方的人，听到挂断电话的声音，觉得很不愉快而造成某些恶果。最好的办法，便是养成习惯，通话完毕并不立即挂断，却顺手将电话线拉顺一些，然后才挂断。力求双方都不致听到挂断电话的声音，以确保通话所带来的愉快气氛。

凡是用心的人，就算电话的两端彼此互不见面，缺乏脸部的表情和身体的姿态可以查看，单凭声音的传递，也能够掌握对方的心意。所以电话沟通时，不能够认为对方眼睛看不见，便不重视自己的仪态和情绪。

第十四章　沟通的三种方式

✎ 我们的建议

一、沟通之前，先考虑对方究竟喜欢哪一种方式，以便谨慎决定采用口语或书面方式。然后视实际情况，选用面对面、文字或电话沟通。无论哪一种方式，都要注意一些要点，力求有效。否则产生若干不良后果，势必减少沟通的功效。

二、依一般情势，口头沟通要比书面沟通来得自然而方便。如果可能的话，尽量采用口头沟通。有时口头上有所协议之后，再补上书面文件，效果更为确实。当然电话沟通也是一种口头沟通，应用得十分广泛。

三、发讯人员必须具有足够的诚意，希望受讯人真正了解讯息的内容，才有可能做好口头或书面沟通。如果存心愚弄对方，势必影响沟通的效果。

四、一般人的通性是对人的问题最有兴趣，其次是事，最后才是理论。沟通时依此顺序，比较容易引起对方的兴趣。

五、面对面、书面和电讯沟通，可以配合着运用，也可以分开来使用。通常重要的事情，大多配合着相互应用，以增强沟通的效果。

📖 自我评量项目

1. 沟通有哪三种方式?

2. 口头沟通有哪些优点?又有什么限制?

3. 书面沟通有哪些优点?又有哪些限制?

4. 电讯沟通主要有哪几种?怎样合理运用?

5. 电话沟通时,要注意哪些要点?

6. 口头沟通时,要注意哪些要点?

7. 书面沟通时,要注意哪些要点?

8. 电话沟通,可能造成哪些恶劣的结果?

9. 您最常使用哪一种沟通方式?为什么?

10. 口头、书面和电讯沟通,怎样配合使用?请举例说明。

第十五章　沟通的流动方向

上行、下行、平行，
是沟通的三大流动方向。

上情下达，下情也要上达；
前后、左右的平行方向，更需要通达。

上对下，下对上，都比较容易。
因为彼此之间，终究有一些身份上的顾虑。

平行方向，大家一般大，谁怕谁？
可见平行沟通最困难，也最容易忽略。

流动的方向虽然只有三个，
沟通起来必须面面俱到，才能四通八达。

方向不同，但是本质相同。
务求心意相通，通彼此之情。

📖 学习目标

详读本章，学习者应能达到下列目标：

1. 了解沟通的三大流动方向，并分辨其不同特性。

2. 明白上对下的沟通要领，并在日常生活中实际加以应用。

3. 掌握下对上的沟通要领，并在日常生活中实际加以应用。

4. 知道平行之间的沟通要领，并在日常生活中实际加以应用。

5. 归纳沟通的共同要领，并且在日常生活中用心加以体验。

6. 明了各人有不同的言默之道，并能调整、改善自己的言默方式。

第十五章　沟通的流动方向

第一节　上行的沟通

沟通有三种主要的流动方向，分别为向下、向上及平行。各有各的特性与原则，兹说明如下。

一、向下。组织内高阶层所拟定的政策、目标、计划，必须向下传达，使部属知所遵循。另外还有员工教育训练、业务指导以及激励诱导等，也需要由上向下沟通。向下的原则，在求上情下达。

二、向上。员工向上级陈述意见、提出建议、报告工作进行或提出问题，都要向上传达。甚至抱怨、批评或者表达有关意见，免不了要向上沟通。向上的原则，在求下情上传。

三、平行。同阶层人员的横向联系，包括各单位或个人在工作上的交互作用以及工作外的来往交谈，都需要平行沟通，以促进彼此的了解、关怀和协调，免得产生隔阂而形成本位意识，影响合作与团结。平行的原则，在求心意相通。

这三种沟通方向，对任何人而言，都是常用的。就算是最高领导，有时候也有向上报告的情形。即使最基层的员工，当情势良好时，也可能感受到向下传达的气氛。这三种流向和身份、职位的关系，并非一成不变。同一个人，三种流向都有可能需要应用，基本上都应该多加练习，以利沟通。如图15-1所示。

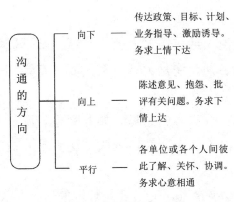

图 15-1　沟通的三大方向

向上、向下或平行，实际上是变动的，并非一成不变。主管以平行的心态来和部属沟通，部属就应该更加谨慎，以向上的心态来响应。否则主管只好改采向下的心态，部属反而不好受。有些部属，就是主管稍微客气些，便得意忘形，真的和主管没大没小起来，弄得主管不得不摆出上司的样子，部属自己觉得没有面子，其实也是一种自作自受。

上级对下属沟通，最好把"上下"的观念变成"主伴"。认为彼此之间没有什么上下的差别，只是居于办事的需要，有主也有伴。而且主固然重要，伴也不可少。抱着"看得起部属"的心情，也怀着"红花需要绿叶扶持"的期待，以"关怀的口吻"、"关心的态度"加上"开阔的心胸"，来善待部属。其要领如图15-2。

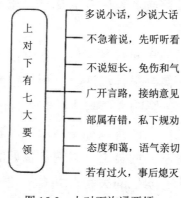

图15-2　上对下沟通要领

说明如下，以供参考。

一、多说小话，少说大话。很多人会说大话，却不懂得讲一些生动的小话。专门术语或深奥难懂的名词，便是大话。常见而具有亲切感的小话，才够生动、鲜明而富有创造力。

二、不急着说，先听听部属的意见。如非紧急状况，上司是说最后一句话的人，不是说第一句话便决定的人。能够养成部属主动开口的好习惯，对沟通十分有利。

三、不说短长。当着甲说乙，又当着乙数甲的缺点，大家都怀疑这样的上司，必定会在背后议论他。

四、不要厉声指责，以免伤了和气，引起意气之争。万一忍不住发火，要赶快设法熄火、救火、灭火。

五、广开言路，接纳意见。最要紧的是不要死不认错。敢向部属认错的上司，更能得到部属的信任。

上对下沟通，部属大多会主动礼让三分，以示尊敬。主管若能依据上述要领，通常可以上情下达，为部属所乐于接受。

让部属先说，对上司必然有利。部属不说，要先体谅其苦衷，了解其立场。最好以关怀的心情，表达关心的态度，让部属敢说、肯说、愿意说，对上下的意见交流有很大的助益。上司不得已才先说，否则就要先听部属的意见。

第二节　下行的沟通

上对下，上要降低自己的姿态，不要高高在上，使部属畏惧，产生不愿意沟通的反感。但是下对上沟通的时候，部属必须礼让上级三分，自己要有上下之分，上级才会出现主伴的涵养。心目中有主管，实在是对上沟通最有效的基础。若是认为自己和上级立于同等地位，甚至于以为自己对上司有贡献，那就对自己相当不利。下对上的沟通要领，如图15-3。兹分述如下。

1. 上司如果听不进去，白说无益。说得没有效果，就不要说。但是要设法让上司想听，然后还要说得有效。

2. 有相反意见，勿当面顶撞。只要不说话，显出一直在深思的样子，上司就看得出来，但是要上司叫我们说才说。

3. 有不同意见，要先表示赞同。先说好，再表达自己的意见，提供参考；或者提出问题，反过来请教上司。

4. 意见相同，要热烈反应。不要说：我也这么想。最好说：我想了许久都没有想通，原来这样最好。

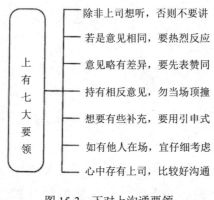

图 15-3 下对上沟通要领

5．有意见补充，要用引申式。不要说：我有一些补充。要说：这样一来，像这一类的问题都解决了。

6．有他人在场，要顾虑上司的面子。让上司明白我们不会伤害他，他就会放心让我们把话说完。

7．上司对部属最在乎的，就是部属的心中到底有没有上司的存在。所以下对上沟通时，必须心中存有上司，让上司自己感觉出来，才比较容易沟通。

中国人特别重视伦理，对于上述要领，应该更加注意，以免引起上司的反感，增加下情上传的困难。

部属心目中有上司的存在，自然会留意自己的沟通方式、内容和语气，这样上司就会察觉出来，自然对部属的意见会格外重视。若是心目中根本没有上司的存在，上司就不想听，对沟通产生很大的障碍。

上下、平行之间，虽然各有不同，却也拥有一些共同的沟通要领。由于中国人一切以人为主，透过人的关系来办事，所以沟通的要领仍然以沟通对象的言默之道（说或不说的动向）、表达方式、身份背景为主要的考虑因素，不存心讨好，也不过分赞扬，适度地抬高对方。使其由听得进去，而听出想要的东西来。

首先要了解对方的言默之道，了解对方的表达方式，喜欢先说或后说，采取主动或被动，知彼之后才来因应，便知道什么时候应该说，哪些事物可以说。

衡量对方的身份、背景以及时间地点的不同，调整自己的言辞、态度及动作，以求制宜。

冷静、耐心地倾听对方的意见，了解他真正的用意。多举例说明，并使用简短的语句。

对事要尽量凭资料、拿资料，勿凭记忆。对人则反之，而且要点到为止，千万不要撕破脸，使对方恼羞成怒。

衡量交情，够深入的才放心说出。记住交浅不言深，关系不够，保留一些比较好。对方想知道，自然会问。可言则言，应默则默。先听清楚再说，比较有效。

先摸清楚对方，再以对方的需求来沟通，当然是上策。如果一时摸不清楚对方的需求，不妨暂时以不相同的话题来加以探测，比较安全。

不打没有把握的仗，是沟通的共同法则。双方的立场不一样，当然有不同的意见。双方都需要摸索，也都有赖于对方的体谅，才能够沟而能通。

兹将沟通的共同要领归纳如图15-4，以供参考。

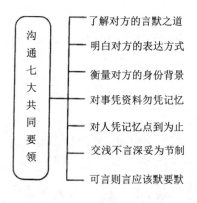

图15-4　沟通的共同要领

第三节　平行的沟通

　　上对下，下对上，彼此之间，常常保有三分的礼让空间，比较容易寻找合理的平衡点。平行之间，大家一样大，很容易产生"谁怕谁"的心态，对沟通十分不利。这时候沟通的要领显得特别重要。兹分述其要点如下。

　　一、大家一般高，所以要先从自己做起，尊重对方，对方才会同样地回报。彼此尊重，才方便沟通。

　　二、一心一意为自己打算，本位主义浓厚，很难沟通。应该设身处地，站在彼的立场，为对方设想。

　　三、采取平等互惠的原则，不要存心占便宜。对方有意或无意吃亏，都要善意提醒他，以建立"和我打交道，一定不吃亏"的信用，增加大家的信任感。

　　四、用真心和诚意来促进彼此的了解，这种功夫是平日就要加强的，着急时的临渴掘井，很难收效。

　　五、创造有利的情势，把握适当的时机，选用合适的方式。如果遭遇困难，更要诚恳地化解。

　　六、可以圆通，绝对不能圆滑。一味推、拖、拉，根本缺乏沟通的诚意，当然效果不佳。

　　七、发现对方有心结，必须用心化解。先找出关键所在，再以实际行动来补救。空口道歉，并没有多大作用。

　　八、有时先透过部属与部属的沟通，再提升到主管对主管的沟通，相当有效。

　　平行沟通的要领，归纳如图15-5，以供参考。

　　情势不利时，必须谨慎地先开口。对方接腔时，赶快打住，让对方发表意见。不论沟通的结果如何，都应该以感谢的心情，留下以后再沟通的余地。

　　对方实在不愿意沟通时，可以采取演示文稿的方式，请上级来主持，对方不得不参与，可以趁机沟通。

　　无论对上、对下或平行沟通，都要切实做到有言有默，才能顺利达成目标。

第十五章　沟通的流动方向

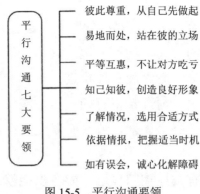

图 15-5　平行沟通要领

应该说的才说，不应该说的不说。该说的一句都不可少，不该说的半句都不可多。先想不说可不可以？不可以不说，才说。知默然后知言，自己持默，对方才会开口。我们常说希望多听对方的意见，自己却说个不停，把时间都占用完了，对方怎么有机会开口？其要点归纳如图 15-6。

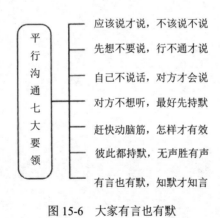

图 15-6　大家有言也有默

对方不想听，最好持默。此时愈说得多，他愈反感。但是默的时候，要赶紧动脑筋，怎么讲对方才会听？说话要有效才说，无效就应该改变沟通的方式，使其有效。绝对不要只顾自己说了安心，因为这样的话，根本等于没有说。

彼此都默也是一种沟通。无声胜有声，因为心语已相通。心语一通，自然显

207

出沟通的功效。

　　某次公开演讲结束之后，有一位热心的听友，走过来客气地说："我有一个问题想请教，为了不耽误您的时间，能不能边走边谈？"于是他一路走来，说个不停，一直到送上车，说再见，始终没有停止过。有言无默，不但难以沟通，也使自己失去了请教别人的机会。何况希望有朝一日，能够不沟而通，那就更需要及早培养自己的言默之道了。有言无默，或者有默无言，都不利于沟通，合理的有言也有默，通常比较有效。

　　善于沟通的人，必须有效地控制自己，能言也能默。不能抓住机会就说个不停，不但惹人反感，也对自己不利。有时候不说话所传达的意思，更能够引起对方的省思。若是没有效果，对这种人说再多的话，大概也是枉然。

✎ 我们的建议

一、上对下沟通，下往往会让上三分；上的形势较好，所以要多说小话，少说大话，使下觉得亲切和蔼而愿意接受。上司尊重部属，让部属先表示意见，大多能够畅通。

二、下对上沟通，要先了解上是否有时间？心情好不好？下的形势较差，所以要注重时机。上司听不进去的时候，不必急于一时。当然，上司听得进去的时候，也不要抓住机会拼命讲，讲得上司脸色发青，还不是自己倒霉？

三、平行沟通最难，必须把握"敬人者人恒敬之"的原则，由自己尊重对方做起。最要紧在建立自己的沟通信用，使同仁充分了解自己"不让人家吃亏"的作风。

四、对上、对下或平行，都有例外性的运用。那就是紧急而重大事宜，可以有突出的沟通。不依常规，却不能多用。

五、沟通的要领，必须在日常沟通中勤加练习，多多运用，并且养成时常反省的习惯，找出自己沟通的缺失，精益求精，才能不断地进步。遇有沟而不通的情况，不要老是责怪他人。反求诸己，更加容易进步。

📖 自我评量项目

1. 沟通有哪三大主要流动方向？

2. 上对下有哪些沟通要领？

3. 下对上有哪些沟通要领？

4. 平行之间有哪些沟通要领？

5. 沟通有哪些主要的共同要领？

6. 什么叫作言默之道？

7. 您认为自己的言默之道如何？

8. 沟通时为什么心目中要有对方的存在？

9. 三大沟通流动方向，各有什么主要功能？

10. 您认为哪一种流动方向比较容易？为什么？

第十六章　沟通的两大途径

沟通有两大途径，
可以直接，也可以迂回。

关系够密切，交情够深厚，
最好采取直接的沟通。

交浅不言深，
此时迂回方式较为有利。

紧急事宜，机密事宜，
直接沟通比较可靠。

敏感事宜，试探性质，
尽量采取迂回方式。

有时直接，有时则迂回，
不固定，有权变，较为有效。

📖 学习目标

详读本章，学习者应能达到下列目标：

1. 了解沟通的两大途径，并能分辨其不同特性。

2. 明白直接沟通的要领，并能在日常生活中，实际加以应用。

3. 掌握迂回沟通的要领，并能在日常生活中，实际加以应用。

4. 知道两种途径可以交互使用，并能在日常生活中，实际加以应用。

5. 体会交浅不言深的道理，并能在日常生活中，实际加以应用和体会。

6. 随时印证沟通两大途径的差异性，不断增加自己的应变能力。

第十六章　沟通的两大途径

第一节　直接的沟通

沟通时可以考虑两种途径，一是直接的，一是迂回的，如图16-1。

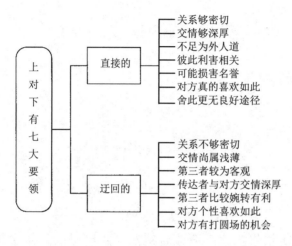

图16-1　沟通两大路向

前者是发讯人不透过任何第三者，径自找到受讯人。不论是面对面，或者打电话、电报，或书函、文件，都属于直接的沟通。后者则为透过第三者，采取迂回的沟通。

一般说来，双方关系够密切，交情够深厚，所谈内容不足为外人道，彼此利害相关，或者可能损害任何一方的名誉，最好采取直接的沟通。当然，对于那些确实喜欢一切直接的人，或者舍此更无良好的途径时，可以采用。

至于关系不够密切，交情尚属浅薄，或者对方个性喜欢迂回，以及让对方有打圆场的机会，只好采取迂回沟通。同时，认为第三者比较客观，与对方交情深厚，比较容易达成目标，或者比较婉转有利，也是以迂回沟通为宜。

直接沟通，就是直接找到所要沟通的对象，采用不同的表达方式，来进行沟通。同一途径，所采取的表达方式也不一样。并不是同一沟通途径，就一定采取相同的表达方式。途径配合方式，两者都应该慎重选择。通常直接沟通，有下述三大原则：

一、直接交办的事宜，如果机密性高，不方便假手他人，自以直接报告为合理。例如某甲直接承受老板的交代，调查某一事故的原因。某甲虽有主管，但因事属机密，仍然应该直接越级报告，不宜层层传达上去，如图16-2。

图16-2　直接交办机密性高

某甲越过主管和经理，直接向老板报告，经理和主管不必介意。而某甲也不应该大张旗鼓，有意张扬，以免引起主管或经理的不悦。

二、一般事务的报告，就不应该越级，要向自己的直接主管陈述，才属合理。事实上，只要大家都能做到，小事不隐瞒。只要有什么不对，马上向直接上司沟通，就可以减少许多大事故，也可以避免很多不必要的误会，如图16-3。

一般事务却越级报告，通常称为打小报告，对某甲相当不利。不但主管不能接受，别人也会指责某甲的行为为小人行径。

图16-3　一般事务向主管报告

三、紧急事宜的请示，以自己的直属上司为第一对象，但如恰巧不在，可以越级请示。不过，处理之后，应该立即将完整经过向直接上司说明，以免引起误解，而且最好不要时常越级，否则很容易让上司认为有意出他的洋相。事后报告时，最好有不得不如此的歉意。以免上司起疑，认为部属心目中没有上司的存在。

直接沟通的要点，如图16-4。

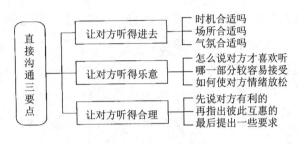

图16-4　直接沟通要点

兹分别说明如下，以供参考：

一、对方听得进去。如果对方根本听不进去，亦即马上可能产生很坏的后果，甚至导致不可收拾的残局，那就不能直接沟通，可以转向迂回沟通或暂时不沟通。

二、对方听得乐意。先说一些对方比较容易接受的话，使其情绪放松，乐于沟通。这时才谈一些对方能够接受的片断，然后循序渐进，逐步达成完整的沟通。换句话说，采取各个击破的方式，容易接受的部分先行沟通。随时视对方的反应，来调整自己的态度，是直接沟通最大的好处。

三、对方听得合理。无论哪一部分，都要先从对方有利或者不吃亏的地方下手，让对方觉得合理，自然容易沟通。至少要让他产生平等互惠的感觉，才会认为合理。

沟通的时候，以对方听得进去为第一优先。听得进去之后，才促使对方听得乐意。只要乐于接受，必能增进沟通的效果。这时候必须小心拿捏，不要借着对方听得乐意的时候，提出一些不合理的要求，否则对方在乐意的时候，很快地接受，事后就会产生反感，甚至觉得上当。无论如何，保持合理的程度，让听者事前事后，都十分乐意，才属合理。让对方乐于接受，只是为了提升效果，不可趁火打劫，获得不合理的结果，才是中庸之道。

第二节　迂回的沟通

迂回沟通是透过第三者，把讯息传达过去的途径。借着传话人和受讯者的关系，以及他们的表达技巧，把讯息有效地传达，并且产生预期的效果。迂回沟通的案例很多，兹举三例如下，以供参考。

一、到出纳领钱，并未当面点清，事后发现缺少一张，面额一千元。这时直接前往索还，多半自讨没趣；因为出纳必须适当自卫，所以不宜随便理会。例如某甲短缺一千元，最好找到出纳的好友某乙，请他转达，如果中介得宜，相信可以顺利获得补偿。向某乙声明：这种小事情，过去就算了，不必告诉出纳，有时更能促使某乙自告奋勇，设法把钱索回，如图16-5。

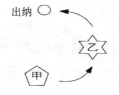

图16-5　出纳短给金钱

二、蒙受上司误解，招来一顿痛骂，如果不方便当面申诉，以免造成顶撞的不良后果。可以透过秘书，代为转达苦衷。如果秘书有意帮忙，多半可以顺利达成任务。平日和秘书打打交道，从中代为传达，常常有意想不到的功效，如图16-6。

三、没有胜算能够获得上级同意，可以透过秘书或助理，先行试探上司的心意，再来提出适当的建议。例如某甲透过助理试探主管的想法，主管亦透过秘书了解老板的构想。秘书提示主管，助理再提示某甲，即为迂回沟通。只要秘书有心协助，大多能够沟而能通，如图16-7。

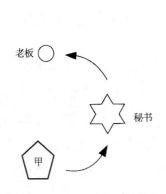

图 16-6 代为转达自己的苦衷

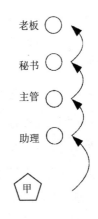

图 16-7 试探提出建议

迂回沟通的要点,如图 16-8。

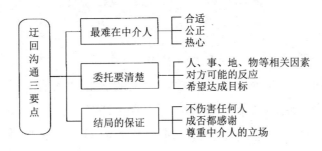

图 16-8 迂回沟通要点

兹说明如下,以供参考。

一、中介人士是否公正?凡是公正的第三者,都比较容易为双方所接受,因而达成顺利沟通的效果。

二、中介人士是否热心?不热心的中介人士,可能一拖再拖,误了时机;也可能应付应付,马虎了事,很难完成迂回沟通的任务。

三、中介人士是否合适?公正而又热心,如果关系不够或交情尚浅,便不合适。所以透过什么人来迂回,实在是相当重要的变数。找不合适的第三者,往往无利有害。

所谓合适，是指我方可以委托而对方又能够信任的人，同时他又相当公正而热心，正确地传递讯息之外，还能技巧地沟通双方的情谊，重建双方关系，以求圆满。

中介人士，可以是组织内部的同仁，也可以找外部的热心人士来担当。一般来说，组织内部的事务，以同仁为优先，由于自己人对内部事务比较熟悉，中介起来，往往更加顺畅。平日培养某些中介人士，可以减少许多无谓的困扰。员工习惯于中介人士的从中协调，也比较不致动不动就要直接找到老板，减少许多冲突。组织外部的事务，可以寻找外部人士来中介，一方面比较客观，一方面也对这些事务比较熟悉，进行起来效果更佳。

第三节　交　互　使　用

前述这两种沟通途径，最好不要固执其中的一种。也就是任何事情都采取直接的途径，或者对任何人都不直接沟通，一定要透过他人进行迂回的方式。因为这样一来，必然会产生很多不合适的情况，造成许多不愉快。

同样一个人，由于沟通内容的性质不一样，有时采用直接的，有时则采取迂回的途径，应该是比较妥当的方式。同样一个人，为什么有时这样，有时那样，使用不同的途径？于是收讯的人，就会自行判断，这到底是什么道理？因而提高警觉，发出不一样的反应。

在前述各种案例中，我们很容易了解，某甲遇到老板直接交办的机密事宜，如果按照一般事务来处理，先向顶头上司报告，很可能就会泄密而令老板觉得不满。但是紧急事宜，必须设法让顶头上司知悉，以免老板先行知道，对顶头上司造成不利，还是以直接沟通为宜。

直接沟通，好处在面对面，能够掌握当前的所有讯息。因此随机应变，及时调整，成为最主要的原则。能说就说，不方便说便暂时不说。这时候要动脑筋，怎样说才有效？而不是干脆放弃，造成无法沟通的不良后果。

第十六章 沟通的两大途径

人善变，则是迂回沟通的主要变数。原本十分值得信赖的中介人士，在沟通过程中，由于某些因素，忽然变得令人不敢相信。这时候换人不好，不换人更不好，往往增加很多困扰。平日多培养正常的交情，需要时才有可靠的中介人士，应该是比较长远的做法。

换句话说，有没有妥当、可靠的中介人士，应该是要不要采取迂回沟通的主要考虑因素。通常先商请相关人士，试探一下，然后再自己亲自去沟通，可以看成迂回和直接沟通的混合使用。第三者可以解决，而且自己最好不要出面时，采取迂回沟通。第三者穿针引线，已经搭起桥梁，自己出面有助于日后的沟通。这时候在迂回之后，还应该直接沟通。

直接沟通，迂回沟通之外，还有暂时不沟通，三者可以交互使用，而非坚持走其中的一条途径。

任何事宜在沟通之前，务须考虑采取哪一种途径比较有效，然后分析相关因素，包括人、事、地、物，再做决定。千万不要忘记"谋定而后动"的原则，显得鲁莽或不够圆熟，就会影响沟通的效果。

有些人坚持一切直接，也有些人喜欢凡事都迂回。两者都不是良好的策略。中国人主张"不执着"，便是不必要坚持"非怎样不可"，而是看情形选择有效的途径。先试这一条，不成再试另外一种，也无不可。但是，切忌同时进行不同途径，自相干扰，反而弄巧成拙。除非准备决裂，抱着置之死地而后生的态度，才可以直接又迂回，双管齐下。

暂不沟通可以用在直接或迂回沟通，凡是沟通产生障碍，一时又想不出良好的办法，不必勉强非要持续进行不可。因为暂时停止，让彼此的情绪平静下来，或者找出更为合理的方案，再来持续进行沟通，反而效果更好。

有一方采取暂不沟通的态度，另一方就应该自己反省，为什么对方会如此？是不是自己有什么过分的地方？不妨趁势调整一下，看看对方会不会改变心态而继续沟通？如果不是，再行考虑其他的因素，务求沟而能通。

时间会带来某些变化，是暂时不沟通的主要依据。往往时间变迁，人的情绪和事情的发展，都会产生若干变化。原本牢不可破的阻碍，有时候变得易于破解。

急事缓办，在沟通上就是以暂不沟通来舒缓，以期获得一些有利的转变。

交互使用的原则，如图16-9。

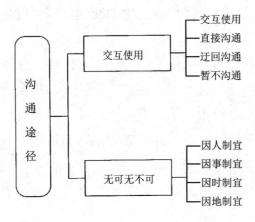

图 16-9　最好交互使用

第十六章 沟通的两大途径

✍ 我们的建议

一、不必坚持一切都要直接沟通,也不是每一件事都宜迂回沟通。事实上有些事情可以暂时不沟通。究竟采取哪一种途径,必须因人、事、时、地而制宜。随时保持高度警觉性,以求合理调整。

二、抱着"无可无不可"的态度,不必固执,才能够"不执着"地选择比较合适的途径。但是选定之后,就要"暂时"执着,不可以变来变去,除非万不得已。也不要双管齐下,以免徒然乱了阵脚。暂时执着,并不表示长期不能改变。所以情况有变化时,仍然可以改变沟通的途径。

三、沟通有效最要紧,所以取舍的先决条件,在受讯人的需求,而不由发讯人片面来决定,这种态度,说起来正是"将心比心",站在彼此的立场来考虑。依照这种方式来决定沟通的路径,通常比较有效。一味以自我为中心,很不容易选择合理的沟通途径。

四、迂回时中介人士最重要,找错人就注定会失败。如果实在找不到合适的人,不妨暂停,或者干脆想办法走直接的途径。平时多了解,找机会测试,必要时才不致找错人,误了大事。我们常说平日要广结善缘,便是到需要的时候,才能找到合适的人。

📖 自我评量项目

1. 沟通有哪两大途径？请举例说明。

2. 直接沟通有哪些特性？

3. 迂回沟通有哪些特性？

4. 为什么要暂不沟通？

5. 直接沟通有哪些要点？

6. 迂回沟通有哪些要点？

7. 为什么要交互使用两种沟通途径？

8. 中介人士的主要因素有哪些？

9. 为什么中介人士难找？

10. 请举例说明您对沟通途径的实际体验。

第十七章　沟通的可能障碍

上下两情不通，左右沟通不良，
大部分是人为疏失所造成的障碍。

发讯人满怀热心，受讯人漫不经心。
这边说得头头是道，那边听得毫无信心。

特别是中国人、中国话的变动性很大，
受讯人能够了解发讯人的讯息实属万幸。

"你脚还痛吗？"中国人喜欢回答"差不多！"
究竟是痛还是不痛？真是叫人伤脑筋。

但是，不说"差不多"，却常常吃亏。
长期吃亏，谁也受不了，所以还是"差不多"！

不知道是你听错了，还是我说错了？
反正有一个错了，构成沟通的障碍。

📖 学习目标

详读本章，学习者应能达到下列目标：

1. 了解两情不通的九大原因，并能在日常生活中用心体验。

2. 明白发讯人可能产生的障碍，并能在实际运作中加以改善。

3. 知道受讯人可能产生的障碍，并能在实际运作中加以改善。

4. 掌握沟通的通路可能产生的障碍，并能在实际运作中加以改善。

5. 明辨讯息可能带来的障碍，并能在日常沟通中加以改善。

6. 随时注意语言与心理所产生的障碍，并能用心加以改善。

第十七章　沟通的可能障碍

第一节　发讯人的障碍

沟通其实就是发讯人和受讯人的两情相通，但是实际上却经常出现两情不通的现象，我们称之为沟通的障碍。

发出讯息的人，对于沟通的效果影响十分重大。因为接受讯息的人，很可能产生误解或反感。一般来说，发讯人通常具有三大障碍，如图 17-1。

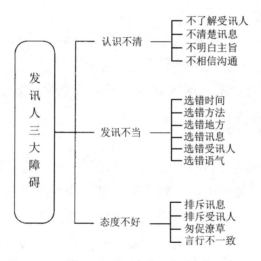

图 17-1　发讯人的三大障碍

兹分别说明如下，以供参考。

一、认识不清：包括对受讯人不够了解；对讯息不够清楚；所用的文字或语言不够明确；对沟通的主旨不够明白；对沟通的功能有所怀疑。

二、发讯不当：包括选错时间；选错方法；选错地方；选错讯息；选错受讯人；选错语气；发出讯息太多或太少；所发讯息不足以引起受讯人的注意和兴趣。

三、态度不好：包括对讯息抱持排斥或不想沟通的态度；对受讯人抱持不热心或不愿意沟通的态度；匆匆促促，不理会受讯人是否了解；以轻率的态度来运用沟通技巧；发讯人自己言行并不一致。

认识不清，基本上容易发出错误的讯息，使受讯人产生误解。发讯不当，就算讯息本身十分正确，也将引起收讯不良的恶果。至于发讯的态度不好，更是造成沟通不良的主要原因。再正确的讯息，再合适的发讯方式和途径，只要发讯人的态度不好，激起受讯人的不满情绪，就可能导致误解或反感，很难沟而能通。

特别是中国人，情绪的变化很大，对沟通的影响也很强烈。我们只要第一句话说得不中听，不合受讯人的喜好，让对方听不进去，常常就无法沟通下去。我们前已述及，沟通必须慎始，一开始就不能犯错，成为中国人特别谨慎的原因。一言不合，后果十分堪虑，小心为妙！

发讯人的身份地位，也可能产生某些障碍，影响沟通的效果。如何知己知彼，使双方不因身份地位而产生沟通障碍，也十分重要。

唐玄宗时，名臣陆贽不但尽忠职守，而且洞察事理，他指出上下两情不通的原因，是上司或部属各有其人为的沟通障碍。上有其六，而下有其三，兹分述如下。

一、上司六弊：包括好胜人，总认为自己样样都要想胜过部属，显得官大学问也大；耻闻过，听见批评的话，就很不高兴，却很高兴发现别人的错误；逞辩解，显得能言善道，却不免强词夺理；显聪明，唯恐部属不知自己如此聪明，经常要炫耀一番；厉威严，经常摆出一副威严的姿态，与部属拉开距离，使部属畏惧而不敢尽言；态刚愎，自以为是，一味执着于自己的成见。

二、部属三弊：包括谄谀，存心讨好，报喜不报忧；顾望，见风转舵，投上之所好，以致正义不伸，是非不明；畏惧，胆怯怕事，多一事不如少一事。

上司六弊，部属却只有三弊。表示上下沟通不良，上司所负的责任反而比较重大。可惜一般人不见及此，把责任推给部属，以致长久以来，一直难以改善。

部属三弊，其实比较容易改变。只要上司不接受谄谀，不喜欢是非不明，不赏识胆怯怕事的人，部属很快就会自行调整。上司六弊，实在很难改变。除非自己检讨改正，好像谁也没有办法。尚未升任主管之前，总觉得这些主管不善于沟通。老认为自己有一天当上主管之后，会有不一样的表现。可惜，事实并非如此。

往往担任主管之后变本加厉,比那些老主管更不善于沟通。可见随时反省,十分有必要。

两情不通的九大障碍,如图17-2。

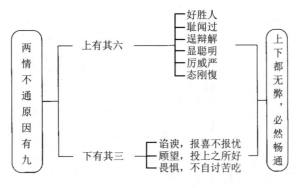

图17-2　两情不通的九大障碍

第二节　受讯人的障碍

接受讯息的人,理论上应该保持冷静、客观、公正的态度,仔细聆听或观看讯息,用心判断、分析,以决定取舍的程度,做出合理的反应。然而实际上通常并非如此,我们很容易发现,受讯人也常具有三大障碍。

一、听不清楚:包括噪声太大,影响收讯人的听取;受讯人心不在焉;受讯人身体疲乏,或者在听和看方面有生理上的缺陷;受讯人听不懂发讯人的字语;受讯人注意力不集中,或者假装在听,其实不用心听。

二、听不明白:包括讯息太复杂;讯息未经组织或整理,容易引起混淆;受讯人只顾思考自己要说些什么,或采取什么对策;假装明白,其实不明白。

三、听不进去:包括不喜欢发讯人;不接受发讯人的语气或状态;不想听这一类的讯息;自以为已经知道;自己有恐惧、焦虑、愤怒、挫折等情绪上的障碍;根本不希望有所沟通。

听不清楚,基本上很难掌握讯息的内容;听不明白,对讯息无法做出正确的判断；而听不进去，则是沟通不良的最大障碍。一旦听不进去，听得再清楚，看得再明白，也将听而不闻，视而不见。一切沟通功能，都将无从发挥，兹将这些受讯人的障碍，归纳如图 17-3。

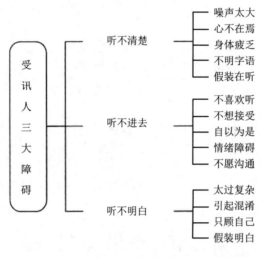

图 17-3　受讯人的障碍

作为一个受讯人，最要紧的是听出发讯人所说的道理。做到前面所描述的，平心静气听对方的话，却不必计较其怎么说。如果能够做到这一点，我们相信任何一种讯息，多少都有一些道理，值得我们去听取、去分析、去接纳。至于对方的表达方式、沟通态度、所用语句，其实并不重要，不必要多做评断，以免影响自己的情绪，反而损害自己的受讯能力。

不过，发讯人所采用的沟通方式，也可能带来若干障碍。我们最好对受讯人的通路喜好有比较清楚的了解，以提升沟通的效果。

有些人喜欢亲眼见到，不善于用耳朵聆听，属于目视型。有些人却不善于观看书面文件，喜欢人家讲给他听，称为耳闻型。当然，有更多的人，两者都可以。

对方喜欢听，我们却写成书面给他看，弄得他越看越糊涂。对方偏爱阅读，我们却喋喋不休地说个不停，他越听越烦。沟通的通路选择错误，会构成严重的障碍，如图 17-4。

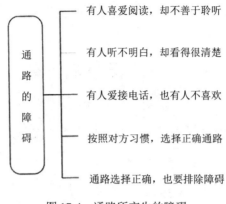

图 17-4　通路所产生的障碍

最好先了解受讯人对通路的反应，明白他究竟喜欢口头、书面或电话，然后尽量投其所好，以利沟通。

上对下，可以试探地问："你喜欢哪一种方式？"

下对上，不方便直接询问，可以向他的助理或秘书打听。

实在不清楚，可以找一些无关紧要的事尝试一下。

平行沟通，可以让自己的部属向对方的部属先行了解，才做决定。或者先试着口头沟通，看看效果如何。

通路选对了，也可能产生若干障碍。前面已有详细的说明，最好依照要点来处理，比较有效。

我们自己有没有目视或耳闻的偏向？如果没有，当然最好，用不着告诉互动的人，让他们有所选择。假若有某一种倾向，最好让对方知晓，帮助他们等于促使沟通顺畅，对双方都有好处。

我们可以用"能不能给我一个书面资料？"或者"请做一个简单的口头说明，好不好？"来暗示对方。

当然也可以把对方给我们的书面文件，请秘书或助理念给自己听，或者请助理把对方所说的话当场记录下来。这样做的时候，最好事先征得对方的同意，事实上则等于商请对方改变沟通的方式。

互相尊重对方所喜欢的通路，是沟通必备的修养。

第三节　讯息的障碍

讯息本身，也可能产生若干障碍，如图17-5。发讯人和受讯人双方，都应该加以注意，力求改善。

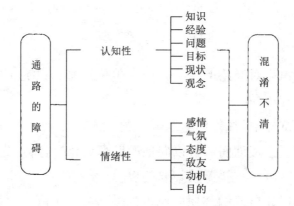

图17-5　讯息也会带来障碍

讯息可以大致分为认知性和情绪性两大类，前者以知识、经验、问题、目标、现状、观念的传达为主；后者则以感情、气氛、态度、敌友、动机、目的等方面的宣示为主。

讯息的内容，如果是认知性的，则发讯人与受讯人的教育程度和专长背景差异太大，往往成为很难克服的障碍。彼此既难以互相了解，也不易理解对方所要表达的内容。因此这一方面的沟通，必须重视对方的了解程度，要求适当的回顾，以便及时调整所用的文字或语言，务期双方达成共同的理解。

如果是情绪性的，必须充分考虑对方的立场，明白他所以采取这种态度的原因，否则无法获得真正的讯息。

发讯人当然不会提示受讯人所发的讯息到底是认知性的或情绪性的，所以受讯人应该加以判断。有时认知性和情绪性讯息混淆不清，更增加沟通的不良后果。必须双方都有心理上的准备，随时澄清，才能克服这种障碍。

沟通之前，先想一想自己所要传达的讯息，究竟是认知性的，还是情绪性的？然后把握上述的传达要点，小心地传达相关的讯息。万一发现对方表现出并不符合预期的反应，必须赶快做合理的调整，或者暂时停止沟通，看对方采取什么态度，再做打算。

正式会议，必须以认知性的讯息为主，尽量避免情绪性的发言。非正式会议，则常常以情绪性的语言，来传达彼此的情感。为了促进成员之间的情感交流，先运用一些情绪性的引言，然后在适当时机，转入认知性的讯息，也是一种由情入理的表现。只要用得合理，效果大致良好。

除了讯息本身之外，沟通时的心理状态，以及所使用的语言、文字，往往也产生若干障碍，如图17-6所示。

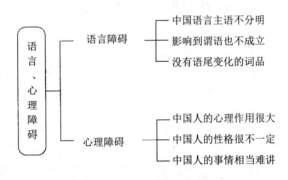

图17-6　语言与心理的障碍

中国人、中国话以及中国文字，都具有很大的障碍。

事实上，中国人、中国话以及中国文字三者存有非常密切的关系。因为语言、文字的生成和发展，与中国人的性格必须完全配合，才能够运用自如。但是，中国人的弹性实在太大，大到语言、文字很难密切配合，因此造成相当程度的障碍，很不容易加以克服。

中国人的心理作用很大，变动得相当快速，如果受讯人对发讯人怀有不信任感，或者另有心事听不进去，甚至在沟通过程中产生紧张、恐惧或厌恶感，就会构成严重的困难，所以必须注重技巧，并随时调整，以求制宜。

中国语言的构造上，和英语比较起来，主语与谓语的分别很不分明，同时也没有语尾的变化，使我们不容易找到分明的动词，因而常常扭曲了讯息的内容。

中国人的性格不易捉摸，变化不定；中国文字与语言也相当富有弹性，常出现一些"没有头或没有尾"的东西，令人摸不着头脑。

外国朋友要听得懂中国人的话，恐怕没有那么容易。中国人再听不懂中国人所说的话，实在是枉为中国人。用心听，而且不光用耳朵，要边听边想，体会每一句话的真正用意，应该是基本的修养。

中国人常常同时说两句话，一句用嘴巴传达，听得见。另外一句话在腹中，不发出声音，所以听不见。通常听得见的这一句话，只能当作参考。而听不见的那一句话，才是真正的心声。我们最好养成同时听这两句话的习惯，然后把它们合并在一起思考，以选择合理的意思，才不会听错。

✎ 我们的建议

一、人毕竟是人，不是神，一不小心，就容易发生差错。中国人说话，喜欢看对方反应而改变自己的意见，这种见风转舵的作风，不见得完全一无是处，却给沟通增加了许多困难。除非十分了解对方，否则不易明白真正的用意。见人说人话，见鬼说鬼话，也是中国人的拿手好戏，功力高强的人，同样一句话，人听起来像人话，鬼听起来又像鬼话，到底是什么话只有天晓得。沟通时，真正听懂对方的话意，乃是必要的条件。

二、中国人的性格不一定，中国人的事情很难讲。如果不能够把握这两大支柱，很难充分沟通。中国人的事情，以"很难讲"为主轴，必须站在不好说的立场来说，比较妥当。中国人满脑子"不一定"，最好站在不一定的立场来寻找一定的基点，才不致上当。

三、语言文字本身就有若干障碍，而讯息内容与沟通工具以及沟通人的心理状态，都会产生若干影响，必须谨慎为之。特别是中国人、中国话、中国文字，更应该加倍用心，以策安全。用心听话，而不是只用耳朵听。用心看字，而不是仅凭眼睛看。

📖 自我评量项目

1. 为什么沟通最好先求两情相通？

2. 两情不通，和身份地位有什么关系？

3. 发讯人可能产生哪些障碍？

4. 受讯人可能产生哪些障碍？

5. 讯息本身可能产生哪些障碍？

6. 沟通的通路可能产生哪些障碍？

7. 语言与心理，可能产生哪些障碍？

8. 您认为自己有哪些沟通障碍？

9. 为什么中国人常常同时说两句话？

10. 您如何因应中国人同时说两句话的特性？

第十八章　非正式沟通

组织内的命令传达、主管提示、会议、通知，
都是正式沟通的有关活动。

员工之间的私人交谈，以及各种传言，
统称为非正式的沟通。

组织对外的公函及有关会议，咨询，
也是属于正式的沟通。

员工以个人身份对外有所交涉，
应该算是非正式沟通。

正式与非正式沟通都很重要，
不可偏重，却最好能够兼顾。

传言、谗言，甚至于谣言，
最好都当作非正式沟通来处理。

📖 学习目标

详读本章，学习者应能达到下列目标：

1. 分辨传言、谣言和谗言的不同，并能采取不同的因应方式。

2. 了解传言的起因，并能适当加以防备。

3. 明白非正式沟通的性质，并能善加运用。

4. 观察非正式沟通的通路，并能加以判断。

5. 培养正常的心态，适应非正式沟通的变化。

6. 导向正式沟通系统，以健全组织的沟通功能。

第十八章 非正式沟通

第一节 非正式意见的种类

正式沟通系统,是组织内命令传达或下情上传的正式通路。非正式沟通系统,则是正式沟通系统之外,不为组织体系所承认的成员之间的交谈,以及一般流通的传言,我们称之为非正式意见。

传言是组织成员互动的结果。依据调查,往往不是空穴来风,却是经常有事实依据的。所谓无风不起浪,只是以这些事实,在正式沟通系统中未能妥当处置,因而成为传言,到处乱闯而已。这种非正式意见,经常会变质。有时变成一种被利用来中伤别人的坏话,叫作谗言,是一种十分可怕的杀人不见血的利器。

谗言有的根据事实,却恶意加以膨胀或扭曲,目的在增强杀伤力,使被中伤的人,受到更大的打击。

有的根本没有事实,凭空编造出一套对某人不利的言词,传扬开来,企图给予相当的伤害,所以说:谗言可畏。对于谗言的处置,必须采取重视的态度,查明事实,使受害者得到澄清,以期真相大白。并且尽可能揭发谗言的制造者,使其无所遁形,以遏阻歪风。

谗言的处理方式,如图 18-1。

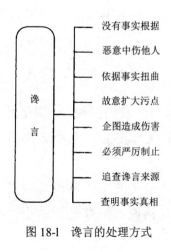

图 18-1 谗言的处理方式

另外有一种传言的变质，它的特性是完全没有事实依据，但是不一定存心伤害他人，叫作谣言。

谣言应该止于智者。意思是说，聪明的人听到一种传言，就会理智地判断，明辨其是否根据事实，还是散布者自己编造的？可惜智者并不多，大部分的人都很糊涂，因此谣言的传布率相当高，十分可怕。

如果组织成员的态度都相当明智，谣言就会止于智者，因此逐渐减少，以至于断绝。这时所有传言，都是有所根据，那就是相当正常的情况。

谣言往往不会自动停止，因为人有好奇心，听到新奇的东西，多半会顺口流传，成为谣言的散布者而不自知。所以一旦发现谣言，便应该勇敢地出来辟谣。这种道德勇气，才是团体安定的力量，千万不能忽视。

谣言的处理方式，如图18-2，以供参考。

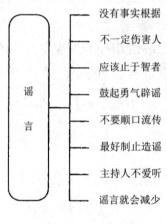

图 18-2　谣言的处理方式

我们可以把非正式意见，归纳成为三种。分别是传言、谗言和谣言，如图18-3。

任何组织都免不了传言，无法防止，也不必畏惧。反而要善加运用，作为向上沟通或向下探测的工具。

好好运用传言，可以增强成员的团体意识，激发大家的工作兴趣，并且体会和认知成员的工作情绪。换句话说，传言是辅助正式沟通的工具，是以增进沟通的效能。

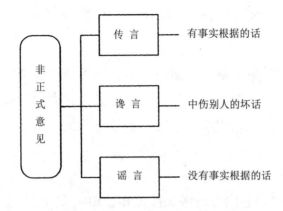

图 18-3 非正式意见的种类

谗言是有害无益的非正式意见，最好能够以公正的态度，严厉禁止，不许任何人制造，也不让成员受此伤害。

有能力而没有本事的人，最容易引起谗言。能力和本事的区别，在于：

〈本事〉=〈能力〉+〈表现得为众人所接受〉

一个人有能力，却不能表现得为众人所乐于接受，便是一位没有本事的人。不表现则已，一表现立即受到大家的谗言中伤的人，自己也应该反省，为什么这样没有本事，然后设法改善，使自己早日免于谗言的伤害。

谣言满天飞，表示领导中心有问题，组织内充满不安和不平的气氛，大家都想借着谣言来测试到底真相如何？于是人人加油添醋，个个热心散布，使领导中心，根本动摇起来，实在十分危险。

要减少谣言，最好的办法，莫过于调整领导风格，改变组织文化，使大家乐于发挥道德勇气，促使团体在安定中求进步。不但不散布，而且不制造，谣言自然不见了。

第二节　善用非正式沟通

美国管理心理学家戴维斯（Keith Davis）认为组织成员在心理上、情绪上都有对团体提供意见、分担责任的参与需求。如果正式沟通管道，无法获得相当的满足，员工就会透过非正式沟通来进行。他指出非正式沟通，有下列四种不同的通路，如图18-4。

兹分别说明如下，以资参考。
1. 单向传布线，讯息沿着一条长线流传，由 A 到 D。
2. 闲谈传布线，讯息由一人向众人传布。
3. 几率传布线，讯息随机传布，既没有一定的路线，也不一定向所有的人去传布。
4. 群集传布线，团体内每一个人都传送到。

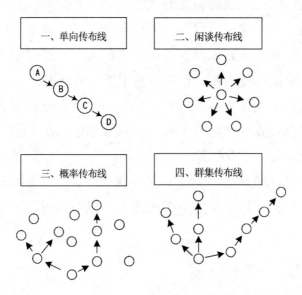

图18-4　非正式沟通的通路

单向传布线如果是固定的,则 A 很可能就是这一非正式组织的领袖;如果是变动的,表示 A 只是喜欢传布的人,亦即通常扮演闲谈传布线中心人物的那一位广播电台。

几率传布,多半是无心的,反正人传我,我传人。群集传布比较是有意的,希望每一个人都知道。

无心的传布和有意的传布,其动机显然不同。前者可能是出于好奇,或者想获得证实、表示自己知悉内情等;后者则可能与当权派有心结,想趁火打劫,至少制造不安的气氛。对有意流传的成员,必须特别加以关心。力求化解心结,增进协同一致的内聚力。

非正式沟通,不必把它当作坏事。因为有正式的,就必定有非正式的。基本上摆脱不了,也无法完全禁止。把非正式沟通看成正式沟通的辅助系统,比较切合实际。凡是不能或不愿意透过正式沟通管道的意见,让它由非正式沟通来传布,对组织内的工作气氛,往往具有缓和、稳定的作用。只要设法加以过滤、澄清,然后导入正式沟通系统,不需要加以排斥。从非正式沟通当中,来发现正式沟通的弊病,才是领导者应有的心态。

善用非正式沟通,要点如图 18-5。

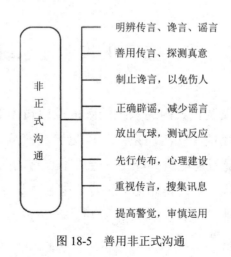

图 18-5 善用非正式沟通

组织中的沟通关系，如果希望保持合理和谐，主管人员的警觉训练，就成为十分必要的重要事项。

1. 善用员工之间的传言，作为探测真正意见的工具。
2. 发现非正式组织的领袖，做非正式的沟通，以搜集重要的讯息，达成正确的决策。
3. 明辨谗言，及时予以制止，免得彼此猜忌，而且害及无辜。
4. 明察谣言，正确辟谣，以免混淆视听。
5. 透过非正式沟通，放出气球，以测试大家的反应，作为决策或修正的参考。
6. 正式宣达命令之前，先经由非正式通路，使大家心理上有所准备，并适当消减抗拒或抱怨。

中国人的特性，说起来就是警觉性高而怀疑心重。保持高度警觉，以求明哲保身，一直是我们的教育目标。组织内沟通的良好与否，主管应该负起百分之七十的责任。主管是不是能够掌握上述六大法则，确实付诸实行，可以看出组织中的沟通关系，能否合理和谐。若不和谐，大家整天吵吵闹闹，怎么能够安心做事？过分和谐，很可能掉入和稀泥的陷阱，导致一团和气却一事无成的困境。合理和谐，则是保持百分之五的异样声音，以提高大家的警觉性。

第三节　导向正式沟通系统

重视传言，却不应损及正式沟通系统的威信及成员间的正常关系。组织内一份重要讯息，仍然需要经由正式沟通系统，以免造成紊乱。所有传言，只能用来辅助正式沟通的不足，千万不能喧宾夺主，造成不正常的关系，其要点如图18-6。

有时讯息传布得很快，不过传布的人，都宁愿说"这是一桩秘密"。如果是真的，就应该依照正式沟通系统，把它公布周知。若是假的，也可以透过正式沟通系统，予以辟谣或揭穿真相，以维护正式沟通系统的公信力。

希望改变别人的意见，口语传布远比书面沟通更具效力，所以，制止谣言，严惩谗言,最好利用口语沟通。

宣布政策或命令之前,使用非正式沟通,只是一种辅助。仍应依照正式沟通系统来发布,才有公权力。

当然,我们更应该进一步把第十二章所说的"我说给你听,请你不要告诉别人"、"你如果要告诉别人,就不要说是我说的"以及"你若是向别人说是我说的,那我就不客气,一定说我没有这样说",重新体会一番。它的妙用,和这一章所说的非正式沟通,其实有异曲同工的趣味。换句话说,它只能用在非正式沟通,以求达成某种功能。到了时机成熟、内容确定,便应该纳入正式沟通系统,不能够再如此这般不肯负起责任了。

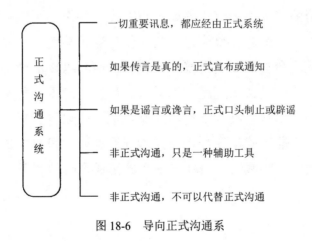

图 18-6　导向正式沟通系

借助非正式沟通的经验,来调整正式沟通,使其更能够提升效果,应该是大家共同努力的目标。

譬如传言中的事实部分,为什么会被扭曲?如果深入追究,应该可以找出真正的原因。有时候拿来作为修正决策的参考,很可能获得意想不到的效果。

一个人若是能够把相关的谗言当作磨炼,以无比的毅力,通过一关又一关的谗言考验,相信必能获得更多的赞赏和信任。真金不怕火炼,好人也不必害怕谗言。

最要紧的,还是自己不要利用谗言来中伤别人。只要对此有所不为,针对自己而来的传言,就会相对地减少。

自己不制造谣言，也不散布谣言，必须对于组织的实际情况，有比较正确而清楚的认识。所以组织最好利用适当的机会，向同仁演示文稿有关的讯息，以正式的沟通来减少谣言的产生，是一种有效的方式。同仁知道得越多，谣言必然越少。

分析组织内非正式沟通的通路，配合这些通路所传布的讯息，应该可以找出组织内非正式沟通的重点，对于用来促进正式沟通的功能，往往有很大的助益。从事这样的分析研究，其动机必须是正面的，不能够用来打击非正式沟通，以免产生负面的影响。

组织同仁，大家的警觉性普遍很高，才能够点到为止，采用不明言、暗示性的沟通。若是成员的警觉性不够，最好一点再点，如果还不能点醒，这时候才不得已采用明言的方式，稍微说得清楚一些，以免沟通不良引起大家的反感。

发讯人可以先用含含糊糊的语气，来测试反应。再以清清楚楚的言词，来发布讯息，更为安全。若是从头到尾，都是含含糊糊，给人一种不负责任的感觉，基本上是不良的沟通。含含糊糊地清清楚楚，意思是以含含糊糊的情绪，来寻求清清楚楚的结论。将非正式沟通导入正式沟通系统时，可以尝试运用这种方式，以免造成对非正式沟通的威胁，增加导入正式沟通系统的困难。

✍ 我们的建议

一、讯息的传布，往往欲速则不达，所以在正式沟通系统之外，善用非正式的沟通的辅助，有利于增进沟通的效能。

二、非正式的沟通中，谣言纯属不实的虚构，而谗言则有意扭曲或伪造事实来伤害别人，必须有效制止，以免混淆视听而伤害同仁。

三、至于传言的可能性，据了解，往往高达百分之九十以上，都有事实的依据，因此不可由于畏惧或怕麻烦而一概防止，反而应该有效运用。一方面搜集讯息，一方面测试反应，对于团体士气的激励，十分有益。

四、为了畅通人我之情，使大家意志集中，和谐合作，必须重视并确保正式沟通系统的公信力及公权力。以正式沟通为主，非正式沟通为辅，两者兼顾，可收宏效。

五、一般而言，幕僚运用非正式沟通，比主管自己去参与，要安全得多。主管尽量保持正式沟通管道，对公权力的维护，较为有利。幕僚经由非正式沟通所得来的讯息，原则上仅能提供给主管做参考，不宜喧宾夺主。

📖 自我评量项目

1. 什么叫作传言？为什么会产生传言？

2. 什么叫作谗言？为什么具有杀伤力？

3. 什么叫作谣言？怎样才能止于智者？

4. 什么叫作非正式意见？为什么会产生？

5. 什么叫作非正式沟通？有哪些主要通路？

6. 怎样善用非正式沟通？

7. 为什么要善用非正式沟通？

8. 怎样把非正式沟通导入正式沟通系统？

9. 为什么要把非正式沟通导入正式沟通系统？

10. 您对非正式沟通，有什么体验？请举例说明。

第十九章　沟通的法则

沟通的法则正好针对人性的弱点，
所以第一条便是少说、多看、多听。

一般人喜欢在问题没弄清楚之前就沟通，
这叫作欲速则不达，往往愈沟通愈糊涂。

不和他人商议，便贸然进行沟通，
当然得不到有关人士的积极支持。

传送错误的讯息给不合适的对象，
无法获致预期的有效行动，要怪自己。

沟通进行之后，要适当测试效果，
才能及时设法加以补救，或者另辟途径。

先听好，抓住要点，找到人支持，
传送必要讯息，激发行动最为有效。

📖 学习目标

详读本章，学习者应能达到下列目标：

1. 把自己培养成一位好听众，多听少说。

2. 明白少说不是不说的道理，能够说得恰到好处。

3. 了解确定问题要点的重要性，并能在实际沟通中加以应用。

4. 掌握传达讯息的要领，并能在日常沟通中不断求取改善。

5. 运用各种激发行动的方法，以期能够激发出有效的行为。

6. 透过有效的方法，来增加自己的沟通效能。

第一节　确定问题要点

沟通的基本法则有三,如图 19-1。兹说明如下,以供参考。

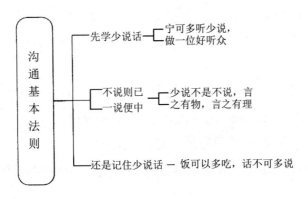

图 19-1　沟通的基本法则

一、先学少说话。宁可少说话,令人觉得高深莫测;不可多说话,暴露自己的浅薄无知。不开口,人家还不知道自己的内涵;一开口便立即暴露无遗,不可不慎。

二、不说则已,一说便不失人也不失言。少说话绝非不说话。只有懂得少说话的道理,才能够在必要时言之有物,言之成理。既不失人,也不失言。

三、还是记住少说话。爱因斯坦指出成功等于工作加游戏加闭嘴。会说话而少说话的人,最受人重视,也最值得大家敬重。非说不可才说,这时要注意内容、意义、措辞、声音、姿势,务求沟而能通。说得有效,不要得意忘形而滔滔不绝。最好及时提醒自己:还是少说话。

未学少说话,就热心学说话,甚至要多说话,结果必然害苦了自己,弄得自己灰头土脸。万一因此而丧失说话的信心,因而大半辈子不敢说话,还不是害自己?

不失人也不失言，是何等功夫？并非一朝一夕就能够练就的，必须时时用心，处处留神。经过一段时间，累积许多经验，才有此可能。

少说话永远是不败的根基，站在少说的立场来说，能不说就不说，不能不说则求说得恰到好处，才是真正会说话的人。

应该和他说话的人，如果不和他说，就会失掉这一位朋友，称为失人。不应该和他说这些话，居然和他说了，一定会产生一些不良的后果，所以是失言。应该说才说，不应该说便不说。应该说到什么程度，能够做到不多也不少，当然十分难得。

美国实用主义教育家杜威（John Dewey，1859—1952）说过："说清楚的问题，已经解决了一半。"（A problem well stated is half solved.）

沟通之先，务须切实了解问题的要点，否则徒劳无功。

先想清楚再开口，这是不易的法则。任何问题，如果做好有系统的分析，则沟通必然更为明晰。

确定问题的重点，才能够订立沟通的目标。知道自己所要达成的目的，有助于选定沟通的对象、方式和通路。

沟通前先把若干有关的观念予以考虑和澄清，对于问题重点的把握与目标的达成，有很大的助益。

依据目标，进一步制订沟通的计划，考虑有关的变数，预先规划沟通的重点。可以说良好的开始，已经成功了一半，如图 19-2。

由聊天开始，先扯来扯去，摸清楚当时的状况，再转入正题，未尝不是一种有效的沟通方式。可惜有很多人，由聊天开始，却也在聊天的气氛中结束，完全没有触及主题。浪费时间精力，并未达成任何沟通的目标。

聊天只是一种启动的形式，使对方比较不容易提防，警觉性降低，更方便沟通。不能够从头到尾言不及义，形成现代年轻人所谓的"打屁"，那就毫无作用了。

可以聊天，却不能忘记重点，在不知不觉中切入主题，才是沟通高手。

一见面就开门见山，直接说出来意，很容易引起对方的自我防卫意识，先把沟通的大门关闭起来，以策安全。在这种情况之下，已经形成沟通的障碍，再来求突破，实在很不容易。

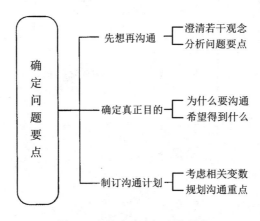

图 19-2　首先确定问题的要点

见面时先寒暄几句，试探一下对方的情况，趁机切入主题，把握重点，才能够提升沟通的效果。

第二节　寻求相关人员参与

美国管理协会（American Management Association）建议，计划沟通内容时，应该尽可能获取他人的意见，亦即寻求有关人员的参与，以获得他们的积极支持，其要点如图 19-3 所述。

事实上，与别人交换意见，不但可以使自己的观念更加清楚，对问题的重点更加了解，而且能够集思广益，得到更多有效的解决方案。

中国人喜欢参与，却又不敢贸然参与，因此设法邀请有关人员的参与，成为沟通的另一重要法则。

一般说来，老于世故的人经验十分丰富，但是我们不主动请教，他们无论如何不会说出来。有时需要一再诚恳请问，才能得到答案。所以培养民主气氛，养成请教他人的习惯，真正尊重他人，对众人的参与有很大的帮助。

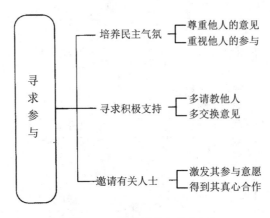

图 19-3　寻求相关人员参与

　　参与其实就是我们平日常说的"理会"，中国人基本上相当热心，喜欢主动理会很多事务，甚至于不够尊重他人的隐私。一旦中国人不愿意理会，事态就相当严重。不理不睬，已经是一种不可忽视的制衡或抗拒力量，千万不要掉以轻心，以免持续下去，造成死结。怎么解也解不开，那就更加费力。我们常用不理会来暗示某种不满，如果对方明白，马上有所补救，我们也会转而加以理会，一切心结化于无形，沟通时应该特加注意。

　　热心参与的人，未必具有专业素养，也可能另有企图。我们在邀请参与的时候，务须用心慎选，以免所请非人，反而造成很多不必要的困扰。但是主动前来参与的人，也应该善加对待，使其安心参与，并且持续保持高度的热心。不能造成参与者的不满，影响到以后的邀请，令人疑惧而不愿参与。

　　对人有利的讯息，最容易记住。发讯者希望受讯者能够注意他所发出的讯息，并且牢牢记住，除了传送有效的资料之外，表达时的措辞用句，也应该处处考虑对方的利益和需要。所谓的必要，必须是受讯者的感觉，因为唯有如此，才会带来有效的沟通。

　　传送时要注意向谁传递，传递什么，如何传递，并且顾虑时间和场所是否合适。

　　讯息的内容要简单、明了，同时尽量符合受讯者的实际需要。传送的时候，必须使用易懂的语言或文字,注意受讯者的心理背景,以建立良好的沟通关系。

传送的讯息必须维持其统一性,有时可运用非正式沟通的辅助,以期顺利达成组织的目标,如图19-4。

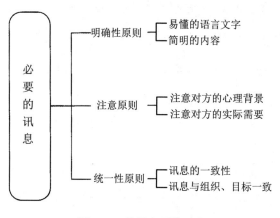

图 19-4　传送必要的讯息

一开口说话,就发出对人有害无利的讯息,对方当然听不进去。譬如自吹自擂,宣扬自己如何高明,怎样高人一等,如何受到礼遇,无形中已经压低对方、抬高自己的身价,请问有谁喜欢听?

改变一下态度,先发出对人有利无害的讯息,听者必然愿意接受。譬如关心对方的近况、传达有利的讯息、恭喜对方最近的成就、转达有关人士的关怀等,不知不觉中已经吸引对方的注意力,也增加自己的沟通力。

传送讯息之前,先花一点时间,做好情感交流的工作。等待彼此情意相通,也就是做好沟通的准备,然后才由情入理,顺着彼此所发展出来的情感,导入所要沟通的事宜。发乎情,止乎理,应该是传送讯息的可行方式。

第三节　激发有效的行动

沟通的目的,在使组织活动达到调和,并且达成最佳的效果。因此激发有效的行动,才能够发挥沟通的力量。

若是沟通了,彼此有了共识,却不能产生具体的行动,基本上仍然是一种空谈,不算是有效的沟通。

美国斯坦福大学管理心理学教授李维特(Dr. Hard J.Leavitt)从心理学的观点来研究激发员工的行为,提出下列四种主要的方法,如图19-5。

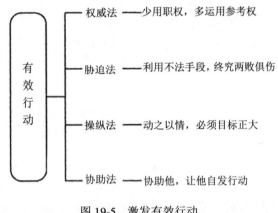

图19-5 激发有效行动

兹分别说明如下,以供参考。

一、权威法。利用职权行使权威,不如运用行为规范的参考权,如主管的人格、学问、技术、体会等。

二、胁迫法。利用不合法的威胁手段,例如老板以"革职"来迫使员工服从,容易引起以暴制暴,两败俱伤。

三、操纵法。透过私人关系,运用感情说服对方,使其产生预期的行动。必须存心诚正、目标光明,否则对方察觉之后,必然引起强烈反感,甚至誓必报复。

四、协助法。引导对方自动产生预期的行为,虽然比较费时费力,但无不良副作用,是最合适的方法。

这四种方法,实际上可以分开使用,也可以合并使用。以协助法为主,辅以操纵法、权威法或胁迫法。不一定四种都要,不妨灵活运用,以增进效果。运用的时候,自己心里明白就好,当然不可以明显地表示出来。

一般人对权威有所误解,认为权威便是利用职权心理威胁利诱。其实真正的权威,是使人从心里头发生自愿参考、学习、模仿,而不是心生害怕而不得不从。怎样令人心悦诚服,才是建立真正权威的最有效途径。

沟通效能的优劣,系于受讯人对发讯者的"信任度"。信任度高,效能必定良好。反过来说,彼此的信任度不够,效能就很差。

发讯者的态度积极,受讯者的态度也因而积极,于是产生预期的积极行为,沟通效能当然良好。若是发讯人消极,受讯人也消极,两者互相配合,效能照样良好。

相反地,发讯人积极而受讯人消极,或者发讯人消极而受讯人积极,由于彼此不能配合,互不信任,显见沟通效能不良。

"请将不如激将"是一种例外的运用,不可频频为之,所以不能依此类推。

测试的方法,包括各种态度调查,以及工作记录、出动记录或行动表现中,可以观察其成果。必须增高信任度,才能确保有效的沟通。

每一个人的被信任度,都是自己一点一滴累积起来的。平时注重自己的诚信,沟通时才能够获得高度的信任。但是我们应该明白,这是我们自己所造成的,不必怪责别人有眼无珠,看不清真实的情况。

言而无信,对沟通产生很大的障碍。人与人之间,如果不能互相信赖,沟通时各怀鬼胎,彼此猜疑,当然难以畅通。为求沟而能通,必须随时注意保持自己的被信任度。

沟通不良,或者沟而不通,最好反省自己,并且调整自己的态度和方式。唯有改变自己,才能够让对方自行改变。也唯有对方自己改变,才有真正改变的可能。一般人喜欢说服别人,其实说服力并不存在。使对方自行改变,并不是我们有说服力。

✎ 我们的建议

一、本章所列举的沟通法则，先成为一位好听众，把问题的要点确定下来，寻找相关人员参与，寻求必要的讯息，激发有效的行动，并且测试沟通的效能，正好构成沟通的完整过程。必须逐一加以检视，看是否合乎法则，才能确保有效。循序渐进，是安全的有力保证。

二、"不要未听先说"是第一法则。沟通不是漫无目的的闲聊，而是有所目标的行动，应该先明了问题的重点，所以最好先听清楚。

三、中国人多半不愿意主动找上司沟通，如何使部属开口说话，成为主管重要的一种素养。主管应该主动向部属征求意见，并且培养聆听的技巧，尊重部属的发言权，不同意时切勿斥责或冷言冷语。最好适时表示赞许，切勿死爱面子不肯认错。

四、主管必须随时借机与部属接触，了解他们的心声，邀请他们的参与，这几个沟通法则才能行之有效。

五、沟通有效与否，其实操之在我。只要自己心中有数，不急不缓，依照法则而行，机动调整自己的态度，以配合对方的需求，必然可以达成预期的成效。

📖 自我评量项目

1. 为什么要成为一位好听众？

2. 怎样才算是良好的听众？

3. 如何确定问题的要点？为什么要加以确定？

4. 怎样寻求相关人员的参与？

5. 为什么要传送必要的讯息？

6. 怎样传送必要的讯息？

7. 为什么要激发有效的行动？

8. 如何激发有效的行动？

9. 为什么要测试沟通的效能？

10. 如何测试沟通的效能？

第二十章　沟通的艺术

良好沟通，必须以情为先，
大家情绪平稳，当然乐于倾听。

言必有物，内容具体可行，
空谈一大堆理论，浪费时间。

言之成理，不可自相矛盾，
杂乱无章或似是而非，最难令人心服。

言行一致，说到就能做到，
自己的行动，才最具有说服力。

设身处地，让对方易于接受，
避免主观和成见，自然广受大家欢迎。

沟通得从容不迫，言默自如，
大家都能感受到，沟通是一种艺术。

第二十章　沟通的艺术

📖 学习目标

详读本章，学习者应能达到下列目标：

1. 了解言默之道的含意，并能多多观察和体会。

2. 分析自己的言默之道，并能逐渐加以改善。

3. 明白交浅不言深的道理，并能在日常生活中，实际加以应用。

4. 养成设法让对方先说的沟通习惯。

5. 知道由情入理比较容易通情达理，并能随时加以印证和体会。

6. 时时培养由情入理的沟通习惯，以期习惯成自然。

第一节　了解对方的言默之道

每一个人都有其言默之道，了解对方的言默原则，才能够有效地适应，以期互相配合，顺畅沟通，如图20-1。

 对方的言默之道

了解对方的言默之道，　　　关怀对方，
才知道何时可言何时该默　　使其言默自如
明白对方的表达方式，　　　不存偏见或成见，
才知道对方的真正用意　　　使其放心道出心声

 促使对方言默自如

图20-1　了解对方的言默之道

一般来说，中国人都不随便开口，是一种谨言慎行的修养。但是，对于值得信任的人，关于大家公共的利益，我们也会抱着"虽然冒险，也责无旁贷"的决心，打破沉默而有所建言。我们的态度，既不是"说"，也不是"不说"。而是把说与不说合在一起想，也就是我们常说的"说不说不成问题""怎么说才要紧"。因此"说与不说"，形成个人的一套言默之道。依据对方的言默之道来进行沟通，应该有助于沟而能通。

一般人的错觉是：必须多说、多问才能有效沟通，自以为了解对方，或者以为对方不说话便是默认。其实，关怀对方，让他言默自如，丝毫不觉得有压力，反而容易获得更多的讯息。彼此互相尊重，双方言默自在，才是上策。

中国人是"关怀导向"的民族，不方便一开口就谈工作，用关心他来尊重他，顺着他的言默之道来沟通，最为有效。违反对方的言默之道，往往言多必失，必须慎防。

第二十章　沟通的艺术

上司要以无私的爱，只知施与，不求回报，绝不心存偏见或成见，尤其不可明显地有所爱憎的表示，部属才会放心地说出他们的心声。

对方不说话，并不表示没有意见，或者赞成我们的想法。不说话很可能包含很多不明白表示出来的意思，诸如不敢说、不愿意说、一时不知道怎样说才好、暂时不想表示，需要多一些时间考虑等。必须用心判断，以免产生误解。对方不说话，我们也不必一直说。双方都保持沉默，自然有突破的时机。若是真的没有，不妨下次再说。

沟通的时候，除了语言文字之外，还加上某些身体语言，才能够构成完整的讯息。常见的身体语言，如图20-2。

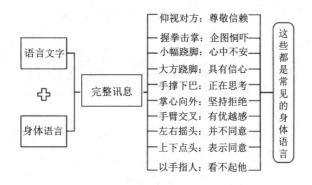

图20-2　观察对方的身体语言

不说话的时候，称为默。默，也是一种沟通。沉默不语的时候，身体语言正在进行非语言沟通。孔子说："没有察看别人的脸色就说话，好像瞎子一样。"便是提醒我们，要多多留意对方的身体语言，因为"行动比嘴巴说的声音更大"，可惜我们时常忽略掉了。

身体语言不如语言文字那样具体而容易明了，况且每一个人的姿态、动作、表情都不太相同，所以不要一味主观地给予判断，却应该多看几次，细心去体会，再衡量自己的观感是否正确，以免误会，反而增加沟通的障碍。

同时，不可以由于过分重视对方的身体语言，而不注意他所发出的讯息，因为语言文字毕竟比较容易接受，不像身体语言那样似懂非懂，很难精确捕捉。

听错话是一回事，会错意又是另外一回事。前者常常是耳朵听错了，尤其是对方的乡音太重，说话速度太快，或者咬字发音不清楚，甚至于匆促之中说错了。自己的主观意识太强，老是依自己的意思来听出有利于己的话语。后者则由于身体语言的判断错误，产生不一样的体会，因而听是听对了，却会错了意，也等于没有听对。沟通时眼睛看着对方，一方面表示尊重，一方面也是注意他的姿态、表情，配合着耳朵所听到的，来体会真正的用意。

人的全身，都有办法伪装。只有眼睛的表情，通常十分诚实。看对方的眼睛，应该能够明白他的真实想法。但是不可以一直盯着对方的眼睛不放，同时也要以真诚的眼光，来引发对方的真诚。务求彼此都开诚布公，由浅而深，一步一步互相了解，以期沟而能通。

第二节　记住交浅不可以言深

交浅不言深，是自古以来，便历代相传的沟通禁忌之一。由于交浅不能言深，所以我们常常说一些流利话、义气话、高远话、浅近话、质直话，如图20-3。

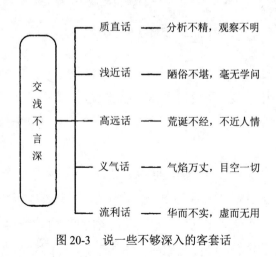

图20-3　说一些不够深入的客套话

沟通时，中国人很喜欢估量彼此的交情，来衡量自己的谈话方式，以免触犯

"交浅不言深"的禁忌。

交情不够深厚，说流利话，对方认为华而不实，虚而无用；说义气话，对方认为气焰万丈，目空一切；说高远话，对方认为荒诞不经，不近人情；说浅近话，对方又认为陋俗不堪，毫无学问；说质直话，对方也认为分析不精，观察不明。这些心理反应，究其原因，无非交情不深。说来说去，几乎都是多余的。

交情不是短时间可以改变的，说一些亲切的流利话，多数人较易接受；直来直往的义气话尽量少说，以免对方恼羞成怒；引经据典的高远话，易落入空谈；家常琐事的浅近话，颇为俗气；简单扼要的质直话，朴而不文，可时常应用。

交情够的人，通常说话比较方便。因为对方不容易产生怀疑，即使说错了，对方也认为这是无心的，比较容易谅解。再严重的事情，一句"开玩笑的"，也就不再追究。可是交情不够的时候，恐怕就没有这么简单。对方警觉性很高，一句话听不进去，就会引起"这位仁兄是来干什么的"的感觉，愈看愈不对劲，愈听愈不是味道。明明没有什么大不了的事情，也可能引起一场严重的误会。最好自己衡量彼此的交情，适可而止，千万不可造次。

中国人见面三分情，但是仅凭这三分是不够的。所以我们喜欢在沟通之前，多方打听，有什么人情关系可以当成助力？有哪些相关事宜，可以提供协助？然后才见机行事，适当加以运用，使得原来只有三分情的，增加了好几分，彼此好说话。

中国人深谙"先说先死"的道理，所以日常生活中多半尽量设法让对方先行开口，以策安全，常用的方法，如图 20-4。

分析起来，不外乎下述几个要点：

1. 尊重对方，让他先说。
2. 向他请教高见。
3. 见面不说正经事，一直说些无关紧要的事情。对方心急，便会自己先说出来。

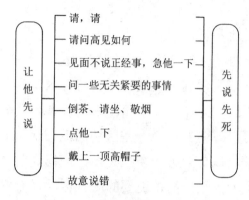

图 20-4　尽量设法让对方先开口

4. 问一些不相关的事，如"吃过饭了吗？""近来怎样？""府上哪里？""在这家公司很久了吗？"诱导对方先行开口。

5. 倒茶、请坐、忙来忙去，让他忍不住先说。

6. 开一个头，不触及要点，引起对方的兴趣，他自然滔滔不绝地先说。

我们一直认为中国人不喜欢开口，完全不怀好意，其实也未必尽然，有时候为了表示尊重，会礼让对方先说。通常对方嘴巴一动，我们就会自动停止，用不着像现在这样，争着要先说，甚至不客气地说："请让我说完。"彼此火气十足，还谈什么沟而能通？

对方不开口，最好的办法，是找合适的问题向他请教。他受到尊重，兴趣一来，自然会开口。问一些无关紧要的话，让对方开口，再引到相关课题，他大多会顺着说下去。话匣子一打开，沟通就方便多了。

我们说得越多，对方自然越少说话。这样一来，对方很容易了解我们，而我们却苦于无法明白对方的心意，站在知己知彼的立场，吃亏的当然是我们。不如反过来让对方说话，我们才能够充分知己知彼，掌握全盘动态，很有助益。

第三节　以情为先来通情达理

沟通的障碍，在轻视与自己不同意见的人，亦即偏爱以自我为中心的判断。中国人常说："心意不通，言词必穷。"正是此理。

真正的沟通是心理上有了情意，然后"有话好讲"，因而彼此沟通。所以"以情为先"，也就是"承认对方有五分理"，才最容易沟通。

做贼也有三分理，虽然不及五分，却也不是全无理由。我们抱着"你有五分理，我也有五分理"的心态，从同情对方的立场出发，互相交换意见，比较容易通情达理。

以情为先是一种有效的诱导，俗语是"一切凭良心"。凭良心沟通，当然有效。不可自以为是，不可强词夺理，不可截人话路，更不可妄论是非，才能真正通情达理，如图20-5。

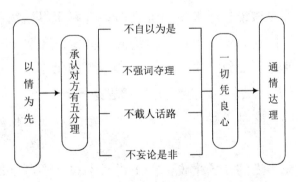

图20-5　首先要先承认对方有五分理

有些人开口就说："不是这样！"、"你说的根本不是事实！"或者"乱讲，谁会相信这种鬼话！"

这样能沟通吗？准备吵架还差不多。

再怎么说，也要客气地表示"你说的很有道理"，然后再把它扭转过来，逐渐让对方自行改变，比我们去改变他，要有效得多，也和谐得多。

先说他对，再提出信息、资料，让他自行评核、分析，他在很有面子的情况下，通常比较容易自行调整、改变过来。

我们再重复一次，让对方自己改变，远比我们想尽办法要改变对方，容易得多，我们越想改变对方，对方往往更加坚持。我们不要这样想，事实上也不应该这样做。我们以尊重对方的心情，只提供信息，让对方自行裁量，常常有意想不到的收获。

中国人最高的智慧，表现在"以不变应万变"，亦即以"不变"的原则来因应"万变"的现象。沟通时"站在不说的立场来说"，便是最好的一种应用。

先想"不说"，不是先想"说"。因为一想"说"就很难控制，终致"乱说"一场。如果"不说"便能够沟通，那不说有什么不好？可见说了反而败事，也未可知。若是不说不行，非说不可，那就进一步想"如何说才合理？"这样才是"谋定而后动"，比较容易立于不败之地。

不说话的人，固然令人有冷漠的感觉，却能够避免"祸从口出"的灾难。最不受人欢迎的，则是应该说话时偏偏三缄其口。唯有懂得站在不说的立场来说，才能够不乱说，说得恰到好处，很难，但是值得努力去磨炼。

许多人一开始就抱定要说的决心，站在必定要说的立场，一开始便拉开嗓门，一路说下去。这种人常常被称为"直肠子"，意思是一条肠子从头到尾都不会转弯，有什么说什么，说到大家都不想听，或者都听不进去，他还在说，是不是有一点可笑？

反过来看，站在不说的立场来说，能不说就不说，不可以不说的时候，想办法好好地说。别人说和自己说其实并没有两样，何必一定要自己来说？是不是符合明哲保身的哲学？

同样一句话，由我们自己说出来，对方顶多尽力而为。反过来，由对方说出来，效果就大不相同。对方对自己所说的承诺，势必全力以赴，以免没有兑现而难以交代。说出来之后，就算遭遇到困难，也会全力克服；面临各种变数，也会全力去因应。沟通的效果，自然更加良好。

第二十章 沟通的艺术

✎ 我们的建议

一、中国人的沟通行为，说起来相当简单。除非情势危急，否则见面先分大小，你比我大，我先说，表示对上的诚意。如果你要先说，我一定让你，因为这是敬意。反过来，你比我小，我让你先说，表示尊重（看得起）。分大小表示伦理，合乎伦理的沟通，比较有效。

二、紧急或重大事宜，不再或无法征求意见，应该先说，以争取时间，并且提高大家的警觉性，激发大家的行动力。紧急和平时的方式不一样，大家才能够自动配合。

三、彼此平行，便会互相推让，让到合理的地步，就不要再让，这时应该"当仁不让"。由知道较详尽，立场较超然，情势较有利的人先说。

四、圆满大于是非，只有在圆满中分是非，才能真正收到沟通的效果。中国人很重视是非，但是不可妄断是非，所以沟通是一种艺术，绝对不可以玩弄权术。

五、让对方自己改变，比较有面子，后遗症很小。让对方没有面子，觉得我们在改变他，或者逼他改变，会惹起很多麻烦。

📖 自我评量项目

1. 为什么要了解对方的言默之道？

2. 身体语言在沟通时，发挥什么样的功能？

3. 怎样观察对方的身体语言？

4. 为什么交浅不言深？

5. 常见的交浅不可言深表达方式为何？

6. 为什么要尽量设法让对方先开口？

7. 什么叫作站在不说的立场来说？

8. 为什么要承认对方有五分理？

9. 为什么以情为先，比较容易通情达理？

10. 沟通时怎样才能够言默自在？

结　　语

　　写完本书，我们的内心感到相当轻松。多年以来，我们一直在大家所谓的转型期等待、挣扎。特别是人际关系，简直不知道如何是好。

　　有些人固守传统的人际关系，尽管内心十分厌恶，也不得不强颜欢笑，勉强应付。在众人面前，一副兜得转、吃得开的模样；背地里则存在着自己怎么都想不通的一大堆问题，因而独自沉闷、苦恼。

　　有些人根本无视于传统的人际关系，一味西化。殊不知一个中国人若是失去中国味道，再怎么成功也不过是半个洋人。现代化绝非西化，而是既具有中国人的味道，又能够适应国际化的潮流。

　　一个现代的中国人，他的正直，应该表现在：当美国人赞美他的时候，他会回答："谢谢你。"当日本人称赞他时，他会回答："请多多指教。"而当中国人夸赞他时，他又会及时调整回来："哪里，哪里。"

　　可惜有些人往往一去不回头，一旦学会了"谢谢大家的肯定"，就在中国人面前，变成"没有中国味道的中国人"了。这样下去，势必有一天造成"一个没有中国人的中国"，岂不遗憾？

　　我们"持经达变"的精神，同样应该发挥在人际关系上面。保持若干中国人的"经"，做到"敬人者人恒敬之，有原则也能应变、圆通却不能圆滑"，然后顺应商业时代的实际需要，加以合理调整。中国人依然是中国人，但是"周虽旧邦，其命维新"，已经是一位现代的中国人了。

　　当今民主时代，人与人之间的特色，乃是好人必须出头，坏人才会自知约束。本书的目的，力求每一个人都"让好人说好，让坏人说坏"，"有事不怕事，无事绝不惹事"，让我们共勉之。

　　为了达成现代却保有中国人的味道，我们大胆地把"人际关系"和"伦理"结合在一起，称为"人伦关系"。并且保留"和谐"的特性，要求和谐而不流于和稀泥。其实，只要时时留意"合理"的标准，处处小心无过与不及，和谐的人伦关系，应该是令人喜爱、受人欢迎的。

转型期不过是一种自我安慰的借口，大家保留一些面子，当然无可厚非。只是不要用来欺骗自己，一旦自己也认为真的是转型期，那就受害不浅了。

看过本书，明白了这些有关沟通的道理，现在可以"我有话要说"。至少说出来的话，比较合理而不致害人害己。

老子说过这样的话："多言数穷，不如守中。"可惜经常被人误解，成为"不言"的观念。一般人只知道"是非只为多开口，烦恼皆因强出头"，便不闻不问，以免"数穷"，弄得运气不佳。

"多言数穷"，"多"与"少"相对，并没有劝人"不言"，只是希望大家"少言"。"少言"也不是尽量少说话，却是"不可多说，不可不说"的真正功夫。

"应该说才说，不应该说，不说"，才是"守中"的道理。书中所说的道理，都是为了达到"守中"，不得不说的一些道理。

这些道理，看起来十分接近，真正实行起来，并不是轻易可以见效的。必须多多磨炼，才能够达到圆熟的地步。

现代重视沟通，一切措施都有待沟通，而且步调快速，必须及时达成预期目标，以争取时效。所以看完了这些道理之后，唯一要做的，就是立即付诸实行！

从"做"中"学"，从"行动"中"体验"，这些浅近的道理，就会产生神奇的功效。

古圣先贤，知道文字、语言已限制性，实际上无法完全表达内心的意思。所谓词不达意，不但是表达能力的问题，而且牵涉到语言、文字所带来的困扰。

因此，我们的沟通，特别以心为主，讲求情意交流，心与心的感应。语言、文字，不过用来辅助而已。换句话说，沟通的时候，不应该仅仅注重媒介，却必须时时刻刻，把心融进去，用心体会说者的用意。

同样一句话，不同的人来说，可能有不一样的用意。不同的人听起来，也会产生不相同的解释。何况中国文字，原本弹性很大，几乎不容易找到固定的意义。单凭我们的语言、文字，实在很难获得有效的沟通。

还有，中国社会，不像西方那样，认为"对就对，不对便是错"。我们有一种

结　语

"对，没有用"的"圆满"哲学，认为"大家都对，也可能沟通不良"，最好让大家都有面子，促成圆满的沟通，才没有后遗症。

本书处处以情为重，因为"情"即"面子"，不能不时刻留意，不可无情，以免沟而不通，甚至不沟通还好，愈沟通愈惹来一大堆麻烦。

大家都爱面子，但是各人的立场未必相同，往往顾此失彼，很不容易兼顾并重。这时候伦理成为十分重要的因素，只要大家守分，谨守人伦的关系，做出合乎伦理的表达，相信必能达成圆满沟通的境地。

不必害怕面子问题，人人爱面子，若能爱到合理的程度，也就是不要爱面子爱到"不要脸"（不讲理）的地步，爱面子并没有什么不好，反而会提醒我们，必须将心比心，同样重视别人也爱面子的习惯，予以同等的尊重。

有话要说之前，先充分考虑，把相关事宜想想清楚，宁可多花一点时间，谋定而后动，想妥当再开口，也不要事后才来后悔，造成一些无谓的烦恼，和自己过不去。想好了再说，想好了再动手写成书面，原本是一句十分通俗的说法，想不到现代人好像忘光了。

有话当然可以直说，只要人对、地点对、时机对、所说的内容也对、再加上沟通的技巧合适，有何不可？可惜一般人不够本事，每当有话直说的时候，就招来很大的苦楚，一直害怕得不敢有话直说。任何人希望有话直说，最好把自己的沟通本领练好，再来有话直说，才能经得起考验，维持对有话直说的信心。

诚实是做人的基本修养，有话实说本来就是最好的沟通策略。我们所说的先瞒一下，不过是说实在话的先行配套。从头到尾隐瞒，怎么能够沟通良好？瞒一下，把情况稳定住，然后想办法一步一步走向实话实说，既安全又有效，才是暂时隐瞒的真正用意。

话是可以说的，也是应该说的，只是不能够这样说。中国人对这方面的要求特别高，能够做到可以说、应该说，而又说得很妥当，大家都有面子，才称得上圆满的沟通。

走出一条现代化的中国道路，真正做一个现代的中国人，应该是举世都欢迎的好事，让我们一起来努力。